Manfred J. Foerster

Hitler und Speer

"Gesichter totalitärer Herrschaft"

disserta
Verlag

Foerster, Manfred J.: Hitler und Speer. "Gesichter totalitärer Herrschaft", Hamburg, disserta Verlag, 2016

Buch-ISBN: 978-3-95935-276-5
PDF-eBook-ISBN: 978-3-95935-277-2
Druck/Herstellung: disserta Verlag, Hamburg, 2016
Covergestaltung: © Annelie Lamers

Bibliografische Information der Deutschen Nationalbibliothek:
Die Deutsche Nationalbibliothek verzeichnet diese Publikation in der Deutschen Nationalbibliografie; detaillierte bibliografische Daten sind im Internet über http://dnb.d-nb.de abrufbar.

Das Werk einschließlich aller seiner Teile ist urheberrechtlich geschützt. Jede Verwertung außerhalb der Grenzen des Urheberrechtsgesetzes ist ohne Zustimmung des Verlages unzulässig und strafbar. Dies gilt insbesondere für Vervielfältigungen, Übersetzungen, Mikroverfilmungen und die Einspeicherung und Bearbeitung in elektronischen Systemen.

Die Wiedergabe von Gebrauchsnamen, Handelsnamen, Warenbezeichnungen usw. in diesem Werk berechtigt auch ohne besondere Kennzeichnung nicht zu der Annahme, dass solche Namen im Sinne der Warenzeichen- und Markenschutz-Gesetzgebung als frei zu betrachten wären und daher von jedermann benutzt werden dürften.

Die Informationen in diesem Werk wurden mit Sorgfalt erarbeitet. Dennoch können Fehler nicht vollständig ausgeschlossen werden und die Diplomica Verlag GmbH, die Autoren oder Übersetzer übernehmen keine juristische Verantwortung oder irgendeine Haftung für evtl. verbliebene fehlerhafte Angaben und deren Folgen.

Alle Rechte vorbehalten

© disserta Verlag, Imprint der Diplomica Verlag GmbH
Hermannstal 119k, 22119 Hamburg
http://www.disserta-verlag.de, Hamburg 2016
Printed in Germany

Vorwort

In den Psychogrammen von Hitler und Speer repräsentiert sich die gesamte Bandbreite der nationalsozialistischen Herrschaftsideologie, ihres Vernichtungs- und Rassenwahns sowie ihrer technokratischen und bürokratischen Rationalität wieder, die erst den Massenmord möglich gemacht hat.

Metaphysisch betrachtet war Hitler die Inkarnation des absolut Bösen in der Politik, welches nicht als eine exterritoriale Macht über die Menschheit gekommen ist, sondern die totale Negation der Zivilisation, begründet durch eine verbrecherische Ideologie. Hitler war der Rückfall einer bislang aufgeklärten Gesellschaft in die archaische Barbarei, in der das Gesetz des Stärkeren herrscht und ein gnadenloser Auslesekampf die politischen Leitlinien bestimmt. Er wollte die Welt von einer historischen Vergangenheit der Aufklärung und Humanität befreien und das Gesetz der humanistischen Evolution aufheben, weil dieses stets den Schwachen schützt.

E.T.A. Hoffmann hat in seiner Erzählung „Der Magnetiseur" in der Figur des Alban jene dämonische Kraft literarisch vorweggenommen, die in grenzenloser Macht in der Ödnis einer sinn- und moralentleerten Welt herrscht und in der es keinerlei ethische oder soziale Hemmungen mehr gibt. Die phantastischen Bilder der Morbidität und des Unterganges die E.T.A. Hoffmann entwarf und die noch in literarischer Ästhetik verblieben, wurden durch Hitler indes in alleräußerster Konsequenz verwirklicht und bildeten somit die Grundlagen seiner Politik. Hitler war mit seiner grenzenlosen Machtentfaltung auf der politischen Bühne der Figur des Alban erschreckend ähnlich, der den absoluten Willen zur Macht und Destruktivität verkörperte. So wie Alban vollkommen enthemmt ist, war auch Hitler vollkommen enthemmt und deshalb in der Lage, sich nicht nur über jede Form des menschlichen Zusammenlebens zu erheben, sondern es abgrundtief zu verachten. Seine Vorstellung von der Vollendung der menschlichen Gemeinschaft bestand darin, daß erst dann die Welt zur „Ruhe" kommt, wenn der letzte Mensch den vorletzten Menschen umgebracht haben wird. Dann hat der „ewige" sozialdarwinistische Auslesekampf seine Aufgabe erfüllt. Politik war für ihn im Sinne dieser nihilistischen Philosophie nicht das Mittel zur Befriedung eines Gemeinwesens, sondern diente lediglich dem Zweck zur totalen Zerstörung.

Hitlers Rassenwahn hat die Schwelle zu einer Biopolitik überschritten, deren Schatten ihre Vergangenheit überdauern und die technokratischen Bedrohungen der Zukunft bilden. Somit ist Hitler auch ein Produkt des modernen Zeitalters, in der alles machbar zu sein scheint, ohne jede Hemmungen und wo die Machbarkeit von Politik und Technologie der Moral übergeordnet ist.

Hitler und Speer verkörpern daher, jeder auf seine destruktive Weise, die Doppelseitigkeit totalitärer Herrschaft in ihren Auswüchsen grenzenloser Vernichtungsabsichten und technokratischer und bürokratischer Perfektion. Speer war in diesem Sinne der Prototyp einer künstlerischen und technokratischen Elite, derer sich - Hannah Arendt zufolge - nicht nur totalitäre Herrschaftsformen bedienen, sondern die in jedem politischen System ihre tragende Rolle finden und sich immer wieder auf ihre bloße Funktion als Fachleute, Juristen, Künstler etc. zurückziehen um sich jeder politischer Verantwortung zu entziehen. Im rechtlichen Sinne befanden sich Speer und vergleichbare Funktionseliten frei von Schuld und Verantwortung im eigentlichen Sinne, da sie keine Gesetze erließen, keinerlei Willkürakte durchführten oder andere Menschen eigenhändig umbrachten. Sie zogen sich vielmehr auf angeblich unpolitische Positionen zurück, um sich eine vorwurfsfreie Existenz zu sichern, die sie wie Speer, bis an ihr Lebensende hartnäckig verteidigten. Gleichwohl wäre ohne die „Speers" die Herrschaft des Nationalsozialismus als totalitäre Herrschaftsform kaum möglich gewesen.

Manfred J. Foerster

Inhaltsverzeichnis

Vorwort ... 7

Schatten des Bösen – Spuren der Vergangenheit ... 11

    Anmerkungen zu Hitlers Charakter- Essay über das Abgründige ... 11

    „eine offene Frage auf dem Grunde eines Problems" (Winston Churchill) ... 13

    Biographische Impressionen ... 22

    Die Unzulänglichkeit psychologischer Deutungen ... 41

    Visionen und Schatten die nicht vergehen ... 49

    Ausblicke und Gegenwart ... 55

    Anmerkungen ... 61

    Literaturverzeichnis ... 66

Albert Speer oder die technizistische Unmoral - Psychogramm über einen „Unpolitischen" ... 69

    Anmerkungen ... 106

Schatten des Bösen – Spuren der Vergangenheit

Anmerkungen zu Hitlers Charakter- Essay über das Abgründige

Es hat sich als Trugschluß erwiesen, dass mit dem Zusammenbruch des „Dritten Reiches" die Person Hitlers und seine irrationale Aura, welche seinen Mythos begleitet haben, von der Bildfläche verschwunden und aus dem kollektiven Gedächtnis ausgelöscht wurde. Leider hat das Wort von Thomas Mann, nachdem Hitler unser aller Bruder ist, nach wie vor Gültigkeit. Sein Schatten hat noch lange nicht aufgehört zu existieren, wenngleich auch nicht in der Weise, die Goebbels sich wünschte als er gegen Ende die Hoffnung aussprach, dass die „große Sache" des Nationalsozialismus, ihn und die Geschichte überleben würde. Zu dem Außergewöhnlichen, das mit dem Namen Hitler, seiner Person und seinem Erscheinungsbild auf der politischen Bühne verbunden ist, gehört seine unverminderte Gegenwärtigkeit. Hitler, eine Figur der Geschichte ist weder historisch geworden, auch wenn es hier und da Versuche gab, ihn und seine Verbrechen zu historisieren und damit seine geschichtliche Singularität zu bestreiten oder zu relativieren, noch ist festzustellen, dass er aufgehört hat, zu existieren. Bis in die Gegenwart liegt sein Schatten über die bundesdeutsche Gesellschaft und führt zu einer hartnäckigen Tabuisierung von Themen und gesellschaftspolitisch relevanten Fragen. Über seinen Charakter, seine stupende Fähigkeit kollektive Wunschträume und Neurosen mit seinen eigenen Obsessionen zu vereinigen und beides zu einem politischen und weltanschaulichen Programm zu entfalten, welches mit unvorstellbarer Wucht und der Zustimmung des überwiegenden Teils der deutschen Bevölkerung zu einem Amoklauf durch die europäische Geschichte geführt hat, ist viel gerätselt und gedeutet worden. Sicherlich trugen soziale und wirtschaftliche Spannungen zu dieser Massenpsychose bei, aber sie erklären nicht ausschließlich, weshalb sie gerade im deutschen Sprachraum in einer solchen Dimension auftreten konnte. Der Historiker Fritz Stern hat die These behauptet, dass Hitler nicht wegen Versailles und der Weltwirtschaftskrise der späten 20er Jahre zur Macht gelangen konnte, sondern dass diese historischen Anlässe vielmehr Gründe genug gewesen seien, ihn zu verhindern.

Der unergründliche Charakter Hitlers bot immer Anlässe, ihn von Seiten der Psychoanalyse zu deuten und seine dämonisierende Einzigartigkeit aus seiner Kindheits- und Jugendzeit heraus zu erklären. Ganze Heerscharen von Historikern und Psychologen haben versucht, von seiner entsetzlichen Politik her seinen Charakter zu entschlüsseln und kamen hierbei zu verblüffenden Ergebnissen Mitunter trugen die Deutungen seiner Person den Anschein einer psychologisierenden Dämonie. Unmittelbar nach dem Zusammenbruch des Dritten Reiches und der Ernüchterung über das Angerichtete, war es unvorstellbar, gleichsam seine destruktive Gewalt, die sich in vielen Facetten seines persönlichen und politischen Erscheinungsbildes niedergeschlagen hat, aus etwas anderem zu erklären, als durch eine monströse Psychopathologie seines Charakters. Im metaphysischen Sinn, so nahm man an, hätte durch Hitler das absolute Böse Einzug in die Politik genommen. Aber er war keineswegs das Böse selbst oder das apokalyptische „Tier" aus der Tiefe, als dass er gelegentlich gerne gesehen wurde, obgleich seine Politik apokalyptische Ausmaße annahm. Durch solch metaphysisch gefärbte Interpretationen rückt das Zusammenwirken von individuellen und kollektiven Phänomenen in eine unwirkliche Ferne, in der das historische Versagen einzelner unter dem Schleier dämonisch ausgemalter Szenerien nicht mehr erkennbar wird. In diesen Deutungen war bereits der Versuch erkennbar ihn und seine Verbrechen als kollektive Taten zu verdrängen und die historische Gleichzeitigkeit von verhängnisvoller Führung und Gefolgschaft geflissentlich zu übersehen. Freilich, derartige Vereinfachungen würden sich zur Entsorgung der Vergangenheit besser eignen, als die These von der Kollektivschuld, an der eine ganze Nation mehr oder weniger beteiligt war. Mancherlei Deutungen haben ihn auf das Maß eines bedauernswerten Opfers seiner Biographie reduziert und ihn damit unbeabsichtigt banalisiert. Auch dies ist ein Versuch der Verdrängung des Unfaßbaren, vor der sich das nüchterne Erkennen nur allzu leicht verschließt. Darüberhinaus scheitern alle Bemühungen ihn in Filmen darzustellen an der Nichtdarstellbarkeit seiner Person, die hinter allen theatralischen Maskeraden, derer sie sich bediente, verborgen bleibt. Alle schauspielerischen Präsentationen in Film und Theater geraten leicht zu einer Karikatur seiner historischen und verheerenden Wirkungskraft, die sein politisches Handeln stets auszeichneten oder gleiten in jenen Bereich einer erschaudernden Ästhetik ab, die schon im Nationalsozialismus seine faszinierende Wirkung auf die unbedarften Massen nicht verfehlte. Damit relativieren sich seine verhängnisvolle Rolle und die destruktive Bedeutung des Nationalsozialismus die eine Bewegung gegen die Universalität des Humanen war. Hitlers stupende Wirkung auf die Massen und die bestürzende Tatsache, dass ihm Millionen von Anhängern gefolgt sind, geraten hierbei aus dem Blickfeld, wie ebenso der Umstand, dass er, wie kein anderer Politiker, die epochalen Verwirrtheiten und sozialen Verwerfungen mit den Obsessionen phantastischer Vernichtungspläne in Einklang bringen konnte. Ohne kritischer Betrachtung dieser verhängnisvolle Koinzidenz wird weder die Dynamik solcher kollektiver Bewegungen verständlich, noch scheint es zu gelingen, ein hinreichendes Bild über Hitler als geschichtliche Person zu entwerfen. Überdies lassen sich aus solchen Reduzierungen schwerlich Erkenntnisse für die Zukunft ziehen.

In einer Zeit, wo Neo-Nazis Schlagzeilen machen und renommierte Publizisten unter dem Beifall demokratischer Politiker, den Nationalsozialismus als bedauerliche Entgleisung der deutschen Geschichte bezeichnen scheint es erforderlich, dem Bagatellisieren einer historischen Unperson zu widersprechen und aus einer biographischen Schicksalsrolle hinauszubringen. Weder eine Dämonisierung seines Charakters und der Umstände, die seine Politik begleitete, noch die gutgemeinte Absicht, Hitler aus seiner Kindheit erklären zu müssen, um eine plausible Theorie für das nicht Erklärbare zu liefern, sowie seine Person zum Objekt darstellerischer Kunst zu benutzen, trägt mit dazu bei, seinem Schatten zu entkommen, der sich bis auf den heutigen Tag über weite Strecken des gesellschaftlichen Diskurses legt.

„eine offene Frage auf dem Grunde eines Problems" (Winston Churchill)

Die Geschichte liebt es bisweilen, die epochalen Strömungen ihrer Zeit in einer Person zu verdichten. So kann leicht der Eindruck entstehen, dass in Wirklichkeit nicht diese Strömungen die Geschichte der Epoche oder gar den Zustand einer Gesellschaft bestimmen, sondern schicksalhafte Mächte, welche der Historiker Carl Jacob Burckhardt als geheimnisvolle Koinzidenz zwischen Masse und einer einzelnen Person bezeichnete. Wenn Hitler im September 1936 auf dem Nürnberger Parteitag diese „schicksalhafte Bestimmung" mit den Worten umriß:„Das ist das Wunder unserer Zeit, dass ihr mich gefunden habt, dass ihr mich gefunden habt unter so vielen Millionen! Und dass ich euch gefunden habe, das ist Deutschlands Glück", so haben ihm dies Millionen von Anhängern geglaubt und gleich ihm, diesen Ausbruch von Sendungsglauben als die lang ersehnte historische Konstellation begriffen, welche Deutschland wieder zu Größe und Ansehen führen würde. Seine prophetische Mission konnte deswegen so erfolgreich sein, weil sie alle bisherigen Sehnsüchte, Minderwertigkeiten und Hoffnungen auf eine bessere Zeit in jener Sprache zum Ausdruck brachte, die identisch war mit den bewußten und unbewußten Mentalitäten des Kollektivs. Auch sein unverhohlener Antisemitismus adaptierte diffuse kollektive Haßgefühle, die im Umfeld der antisemitischen Stimmungen in den Jahren der Weimarer Republik circulierten. Allerdings erkannte er schon frühzeitig, dass der Antisemitismus in seinen unterschiedlichen Prägungen nicht alleine auf Emotionen basieren darf, da diese nur Pogrome erzeuge. Um die Juden zu vernichten, sei daher ein „Antisemitismus der Vernunft" nötig, welcher zur „systematischen Entfernung aller

Rechte der Juden und schließlich zur Entfernung der Juden überhaupt führe" [1] Dieser „Antisemitismus der Vernunft" sollte alle diffusen Strömungen in eine Form des bürokratischen und organisierten Terrors einmünden lassen. Zu diesen Schlußfolgerungen kam er bereits im Jahre 1919, als er noch als Propagandafunktionär der Reichswehr in München tätig war, und es war das erste Mal., dass er die Schlüsselelemente seiner rassischen Weltanschauung offen enthüllte, welche er sodann unverändert bis zu seinem Ende im Berliner Bunker beibehielt und in seinem politischen Testament über die Zeiten hinweg retten wollte.

Hitler verstand es, irrationale kollektive Stimmungen zu einem wüsten Konglomerat einer endzeitlichen politischen Mission zu verschmelzen und auf die Bühne seiner Propaganda zu bringen, indem er das ausprach, was viele Zeitgenossen fühlten und dachten, und dies bezog nicht nur auf den latenten Antisemitismus. Diese mentale Übereinstimmung erwuchs nicht aus dem zeitgeschichtlichen Augenblick, sondern hatte ihre Ursache in der weitverbreiteten Grundstimmung persönlicher Sehnsüchte, verborgener, ungewisser Zukunftsängste und Erlösungsphantasien. Das Zusammentreffen von epochalen Ereignissen und kollektiven Strömungen mit den Obsessionen einzelner Protagonisten geschieht daher nicht zufällig und schicksalhaft, sondern erweist sich bei näherer Betrachtung, sowohl individualpsychisch als auch in kollektiver Hinsicht historisch bedingt. Vor dem Hintergrund gesellschaftlicher Umbruchssituationen wird es einzelnen Personen immer wieder gelingen, die kollektiven Unruhen zu ihren eigenen zu machen, sich ihrer machtpolitisch zu bedienen und das Rad der Geschichte in Bewegung zu setzen. Ihr seismographisches Gespür, mit dem sie die kollektiven Verwerfungen verorten und sie zu ihren Weltanschauungen transformieren und, vorausgesetzt sie finden genügend Anhänger, in politische Programme umsetzen, hebt sie aus der Masse der Bevölkerung hervor und prädestiniert sie in fataler Weise, Kollektive in ihren Bann zu ziehen. Das Erstaunliche ist oftmals hieran dass, wie im Dritten Reich, zwischen den Ideen und Tendenzen und ihrer „Propheten" in charakterlicher und äußerlicher Form auffallende Diskrepanzen zu Tage traten und schwerlich von den Massen bemerkt wurden. Da sie den Traum der sogenannten Volksgenossen von einer bedingungslosen Glückserfüllung durch materiellen Wohlstand nicht erfüllen konnten, nach wie vor gab es erhebliche soziale Unterschiede innerhalb der „Volksgemeinschaft", versprach die nationalsozialistische Ideologie den Traum vom arischen Herrenmenschentum Wirklichkeit im Alltag des Dritten Reiches werden zu lassen. So wenig wie der Alltag im Dritten Reich eine wirkliche Volksgemeinschaft darstellte und der Wohlstand sich für alle einstellte, so wenig entsprachen die rassischen Theorien und Programme den artspezifischen Anforderungen einer germanischen Herrenmenschennatur durch diejenigen, die sie vertraten. Im Dritten Reich wurden diese Diskrepanzen zwischen den nationalsozialistischen Bestrebungen einer Herrschaft der „arisch reinen Herrenmenschen", und den idealtypischen Prospekten von der blutmäßigen Bestimmung und deren tatsächlichen Entsprechung durch das Erscheinungsbild ihrer führenden Gefolgsleute offenkundig. Nicht das typologische Abbild heroisch-arischer Übermenschen charakterisierte das Personage des Regimes. Eher waren in ihnen vielfach überlagerte und atypische Persönlichkeitsfacetten sichtbar, deren Herkunft mit Leichtigkeit aus der derb bäuerlichen Provinzialität hinterwäldlerischen Folklore hätte vermutet werden können Dies galt insbesondere für Ley, Höß, Himmler und vor allem für Hitler selbst. Die Erkenntnis der eigenen Herkunft, der sozialen und persönlichen Situation versuchte man durch die Projektionen eines Idealprogramms einer rassisch und charakterlich auserlesenen Elite zu verdunkeln. In einem Katalog von ambivalenten Bewußtseinslagen, in dem die Forderungen nach Herrenmenschentum bei gleichzeitiger Entpersönlichung, autonomes Machtgehabe und bedingungslose Unterwürfigkeit von den künftigen Führern als unverzichtbare Charaktermerkmale ausgewiesen wurden, war weniger die Absicht erkennbar, eine künftige politische Elite heranzubilden, die diesen Namen verdient hätte. Weit mehr lag hierin die Absicht verborgen, einen neuen Menschen mit extrem aggressivem Gewaltpotential heranzuzüchten, der den Vorstellungen vom rassischen Auslesekampf entsprach, wo das Gesetz des Stärkeren gilt und den Hitler oftmals in seinen endlosen, nächtlichen Monologen als Schöpfung der Zukunft beschworen hatte. Die blutmäßig geforderte Artgestalt, als ein anthropologischer Artefakt totalitärer Menschenverwertung gedacht, kam jedoch innerhalb der sogenannten „Alten Garde" der NSDAP selten genug vor, als das sie ein auffälliges Merkmal gewesen wäre. Und dies war weniger ein Ergebnis ideologischer Indolenz, sondern hing in erster Linie eng mit der Herkunftsgeschichte der führenden Satrapen in den Anfangsjahren der NSDAP zusammen. Der ursprüngliche Kern der nationalsozialistischen Bewegung setzte sich aus den Enttäuschten und aus der zivilen Bahn geworfenen Verlierern des ersten Weltkrieges zusammen. Genau wie die aus der Bahn geworfenen Schichten, die Hannah Arendt als Mob der Massengesellschaft bezeichnet hat, kamen die Führer der nationalsozialistischen Bewegung aus dem Enttäuschungsreservoir eines verlorenen Ersten Weltkrieges und konnten wie diese, in den Jahren der Weimarer Republik kaum mehr Fuß in einer demokratischen Gesellschaft fassen. Außer Dreinschlagen auf den politischen Gegner und überall dort, wo man die „Vaterlandsverräter" und „Dolchstoßverbrecher" vom September 1918 vermutete, besaßen sie kein überzeugendes politisches Konzept. Das, was sie zusammenhielt waren spezifische Feindbilder, gegen die sich ihr ganzer Enttäuschungszorn richtete. In treffender Weise hat Göring vor dem Nürnberger Kriegsverbrecherprozeß zugegeben, dass er sich aus revolutionären Gründen der Partei angeschlossen habe und nicht „etwa wegen des ideologischen Krams". Und Göring ist bei weitem kein Einzelfall gewesen. Diese ausgesprochene polternde „Kampfnatur", die nur Destruktives im Sinn hatte, ohne erkennbares Konzept aus dem Augenblick heraus handelnd, war ein durchgängiger Charakterzug bei den meisten der NS-Führungselite. Außer parasitären Begehrlichkeiten, endlich an die Pfründe der Macht zu kommen, hatten sie den verwaltungstechnischen Anforderungen ihrer Ämter als Bürgermeister, Landräte oder in ihren Positionen auf Kreis- und Gauebenen nichts entgegenzusetzen. Ihre Jagd auf Posten und Pfründe konnten sie aus nichts anderem ableiten, als aus ihrem gewohnten revolutionären Recht. So war entsprechend diesen biographischen Eigentümlichkeiten, eine nahezu absolute Voraussetzungslosigkeit (Fest), die sich von allen tradierten Wertvorstellungen freizumachen wußte, das entscheidende Auslesemerkmal während der frühen Phase der nationalsozialistischen Bewegung. Eben weil die frühen Anhänger der Bewegung außer hemmungslosem Machtstreben nichts an religiösen, sozialen oder familiären Wertvorstellungen vorzuweisen hatten, waren sie Verfügungsmaterial und zugleich als Wortführer totalitärer Gesinnungen und des Terrors geradezu prädestiniert. Hitler war dies alles Recht; widerspruchslos hat er dem wüsten Treiben seiner Gefolgsleute zugesehen. Seine Devise war:" Macht, was ihr wollt, aber laßt euch nicht erwischen". Diese Aufforderung verband er mit machtpolitischen Interessen, denn: „Nur wer sein eigenes Fortkommen mit der allgemeinen Sache so verknüpft, dass keins mehr vom anderen zu trennen ist, nur auf den kann ich mich verlassen".[2]

Hitlers Aufstieg entsprang dieser Kombination von Gewaltglauben und Bindungslosigkeit, die auf den Trümmern einer alten, zerstörten Ordnung einen Machiavellismus des kleinen Mannes zum Vorschein brachte, „der keine Instanzen mehr kannte, denen gegenüber er sich für seine Worte und Werke verantwortlich fühlte, und angesichts eines problematisch gewordenen Daseins kurzerhand zu Verbrechen Zuflucht nahm".[3] Gewalt wurde zum durchgängigen Prinzip, welches insbesondere von den primitiven Horden der SA überwiegend in spontanen, pogromartigen Auswüchsen von Terror praktiziert wurde. Wenngleich auch im Zuge der Machterweiterung diese archaischen Formen von offenkundiger Gewalt durch Hitler und seinem engsten Kreis abgelehnt wurden und sich immer deutlicher das Bild des bürokratisch organisierten Terrors abzeichnete, so blieben Restbestände einer willkürlichen, vandalenähnlichen „Potentatenstruktur" bestehen, die sich in jener inneren Orientierungslosigkeit der unteren und mittleren Parteihierarchien fortsetzten und ihren Ausdruck in konkurrierenden und intrigierenden Praktiken fanden, von denen gelegentlich selbst hohe Funktionsträger wie Speer nicht ausgenommen wurden. Die, von Hitler bewußt in Kauf genommene Unorganisiertheit der politischen Entscheidungsstrukturen innerhalb des Regimes, verbunden mit neben- und gegeneinander, selbstherrlich agierenden Kompetenzen, hatte ihren tieferen Zweck in kalkuliert gesteuerten, unüberschaubaren Konkurrenzsituationen, die Eifersüchteleien und Machtkämpfe untereinander auslösten, was letztlich zur Etablierung der Führerherrschaft beitrug, die über alle staatlichen Entscheidungsstrukturen hinweg reibungslos, gleichsam wie von selber, zu funktionieren schien. Ohne das es jemals von Seiten Hitlers schriftlicher Befehle bedurfte,[4] reichte das mystische Führercharisma aus, einen versachlichten Terror auszuüben, für dessen Organisation und Durchführung schließlich jeder einzelne verantwortlich zeichnete, bei gleichzeitiger Gewißheit im Sinne des „Führers" und der nationalsozialistischen Weltanschauung zu handeln. Diese Herrschaftsform, ohne innere Bindung der unterschiedlichen Ebenen auf denen sich das politische Geschäft abspielte, kam der Mentalität der „alten Kämpfer" entgegen, die bar ohne jede wirkliche Vorstellung von politischen Zielen, nur den unentwegten Krawall um jeden Preis suchten und sich schwer taten, politisches Handeln in feste Strukturen zu verankern. Dahinter verblaßten diejenigen, die ernstgemeinte Ziele vorzuweisen hatten und sich auf Dauer innerhalb der nationalsozialistischen Bewegung nicht durchsetzen konnten. Ideologische Zielsetzungen und klare Vorstellungen über deren politische Umsetzung haben nur bei den wenigsten der Bewegung eine Motivation zur Politik im großen Stil beigetragen und sie kamen über den Status einer vorübergehenden Randerscheinung niemals hinaus, etwa wie die Gebrüder Strasser, die einen nationalen Sozialismus beabsichtigten, sich aber gegen die Vorstellungen Hitlers und dessen „Münchener NSDAP" nicht durchsetzen konnten. Ähnlich wie jene der frühen Anhänger, die im Nationalsozialismus eine „Theologie" (Fest) der völkisch-nationalen Erneuerung sahen und alsbald durch den brutalen Pragmatismus des Regimes abgestoßen wurden.

Bereits früh wurde erkennbar, wie sehr die Politik der Revolution und ein Klima des permanenten Ausnahmezustandes zum „Beruf" der Heimat- und Kontaktlosen wurde. Das übersteigerte männliche Gebaren, der ständige Rekurs auf Manneszucht und Disziplin und die paramilitärischen Organisationsformen, wie SS und SA, waren merkliche Anzeichen für die psychische und soziale Labilität, in der sich die meisten der frühen Anhänger, Hitler eingeschlossen, befanden und die nur innerhalb dieser geschlossenen autoritären Formationen einen gewissen äußeren Halt erhielten. In ihnen verband sich das kollektive, nationale „Gemütsleiden" über verlorenen Krieg, Größe und der Schmach eine unterdrückte Nation zu sein, mit ihrem individuellen Versagen, was die Formen neurotischer Zustände annahm. Durch den Krieg und die Nachkriegszeit in den Freikorps waren sie in ihrem moralischen Bewußtsein verdorbene Naturen, die Politik als Fortsetzung des Krieges verstanden wo der nackte Überlebenskampf herrscht und wo der politische Gegner auch stets als Feind auf Leben und Tod galt. In fast allen Einzelfällen der maßgeblichen Personen, über Goebbels, Höß, Himmler, Göring, Eichmann bis hin zu Heydrich und Bormann, dem undurchsichtigen und grauen Schattenmann im Hintergrund des Machtzentrums um Hitler, läßt sich nachweisen, in welchem Maße persönliche Anpassungsschwierigkeiten und unartikulierte neurotische Verhaltensweisen den Anstoß zu einer politischen Karriere gaben. Hitler selber ist hierfür das überragende Beispiel und gewissermaßen der Prototyp einer solchen Übereinstimmung individueller Komplexe und kollektiver Voraussetzungen und deren Zusammenwirken totalitäre Formen von Herrschaft begünstigen und ihnen ihre psychische „Überwältigungswucht" verleihen.

Weniger übergreifende Ideen und der Gemeinschaft verpflichtete Ziele haben Hitler und seinen frühesten Anhängern den Weg in die Politik vorgezeichnet, sondern vielmehr waren es ihre eigenen innerpsychischen Konflikte und biographischen Verwerfungen der Epoche, die sie in einer nahezu maniehaften Weise zu ihren eigenen machten Gerade die Protagonisten totalitärer Herrschaftssysteme schreiben Geschichte als autobiographische Selbstzeugnisse ihrer Charakterveranlagung. Für Borderliner trifft zu, dass sie ihre bizarre Innenwelt auf die äußere Umgebung projizieren um sie im Umgang mit ihren Mitmenschen auszuagieren. In gewisser Weise gilt dies auch für die Träger totalitärer Herrschaftsformen, da die innere Struktur ihrer mitmenschlichen Beziehungsqualitäten in sich bereits autoritäre und apodiktische Züge trägt. Indem sie ihre inneren Konflikte als verbindliche Verhaltensmuster der gesamten Gesellschaft aufdrängen und alles unter zwanghafter Ausschließlichkeit stellen, enthält ihr politisches und moralisches Handeln Züge des „alles oder nichts", wie es im „Dritten Reich" im großen Stile üblich war. Bei den meisten der Führungselite waren es Versuche, den Konsequenzen der eigenen Brüche durch den Rausch der politischen Tätigkeit zu entgehen. Je mehr diese Verdrängungsprozesse ihr politisches Handeln bestimmten, um so verheerender waren die Folgen solch ungeeigneter Selbstheilungsversuche für das Gemeinwohl. Was wir bei den politischen Führen des nationalsozialistischen Regimes entdecken, ist selten Größe oder ein überragendes Talent und kaum die Besessenheit, auf ein großes Ziel selbstlos hinzuwirken. Auch verfügten sie kaum über ein politisches Konzept, sondern vielmehr war es die blanke Gier nach der Macht, die sie umtrieb. Am Abend des 30. Januar

1933 hat Göring dies in verblüffender Offenheit zugegeben, indem er sagte: „Unsere Vorgänger waren 14 Jahre lang an der Macht. Nun werden wir sehen, ob wir solange durchhalten können". Hierbei ging es Göring nicht um die Verwirklichung großer Ziele, denen man zumindest in ideologischer Hinsicht noch eine positive Bedeutung zuerkennen könnte, vielmehr war es das bloße Bestreben, die Macht für einen unbestimmten Zeitraum nicht mehr loszulassen und sich an ihr zu bereichern, um der eigenen Ausdruckslosigkeit seiner Person nicht gewahr zu werden. Der Psychoanalytiker Arno Gruen hat ein solches Charakterbild als Ausdruck „eines Lebens im falschen Selbst" bezeichnet, in dem das ganze Ausmaß eines Selbsthasses sichtbar wird, der sich schließlich gegen andere richtet.[5] In Görings Worten kommt das ganze Spektrum der moralischen Verkommenheit und sozialen Verwahrlosung dieser Generation der frühen NS-Funktionäre zum Ausdruck. Für Hitler, wie für die meisten der NS-Führer, war der Einstieg in die Politik der verzweifelte Versuch, einer drohenden Identitätsdiffusion zu entgehen und sich selbst vor dem sozialen Abstieg ins Ungewisse zu schützen.

Eine der zahlreichen Erkenntnisse aus unserer jüngsten Vergangenheit am Beispiel des nationalsozialistischen Aufstiegs ist unter anderem die, dass die totalitären Herrschaftsformen weder durch schicksalhafte Bestimmung, noch durch eine geheimnisvolle Koinzidenz der Geschichte in Szene gesetzt werden, sondern weniger spektakulär durch die psychischen und moralischen Schwächen eines durchaus unbedeutenden, jedoch enthemmten Charakters, wenn die äußeren kollektiven Voraussetzungen hierzu gegeben sind. In seinem Buch *Muttersöhne* hat der Wiesbadener Autor Volker Pilgrim die größten Verbrecher im Gewande von Politikern als weichliche und selbstentfremdete Muttersöhne beschrieben, deren negative Mutterbindung ihre Neigung zu Gewalttaten beeinflußt hat. Hitler, Mussolini, Franco und Stalin wuchsen in enger, narzißtischer Beziehung zu ihren Müttern auf, welche alle seelischen Energien auf ihre Söhne projizierten. Ihre Väter hingegen blieben seltsam blaß und verschwommen, dabei waren sie seelisch brutale Naturen und nicht selten abwesend. Aloys Hitler starb als der Knabe Adolf vierzehn Jahre alt und Stalins Vater verließ die Lebensgemeinschaft mit der Mutter, als der Sohn fünf war. Von Himmler ist bekannt, dass er ein ausgesprochenes „Muttersöhnchen" mit allen Facetten einer nicht emanzipierten „Weinerlichkeit" war und es in gewisser Hinsicht auch Zeit seines Lebens blieb.

Eine enge inzestuöse Mutterbindung verhindert die Entfaltung einer gesunden männlichen Identität vor allem dann, wenn ein entsprechendes positiv getöntes väterliches Introjekt fehlt, d.h. wenn ein positives männliches Vorbild nicht zur Verfügung steht. Das Mißlingen der männlichen Identität wird durch das Scheitern der Geschlechtsidentität während der Pubertät besiegelt. Zur Ausbildung einer gesunden Geschlechtsidentität benötigt der junge Mensch eine nachahmende, vorbildorientierte Entwicklung, in deren Verlauf eine geschlechtsspezifische Identität erkennbar wird und die sich an einem positiven, konstruktiven Vaterbild orientieren kann. Die väterlichen Eigenschaften werden als ganzheitlich gesehen und erlebt, so dass auch die eigenen männlichen Anteile, die positiven als auch die negativen Eigenschaften, in die Gesamtpersönlichkeit integriert werden können. Fehlt es hingegen an geeigneten männlichen Vorbildern, gelingt es nicht, auch jene weiblichen Anteile der männlichen Persönlichkeit zu entfalten, die Empathie, Toleranz und die Liebe zum Leben ausmachen. Da ihre Mutterbeziehung von einer destruktiven Ambivalenz geprägt ist, möchten sie alle diese positiven weiblichen Aspekte ihres Selbst abwehren und durch Brutalität, Haß und Abwehr gegen alles Weiche, Weibliche und Fremdartige kompensieren. Der Psychoanalytiker Wilhelm Reich sah hierin eine wesentliche Voraussetzung zur Ausbildung des sogenannten autoritären oder faschistischen Charakters. Anstelle der Liebe zum Leben entwickelt sich ein ungehemmter Drang zur Vernichtung und der bedingungslosen Unterordnung unter einer Führergestalt oder einer perversen Ideologie. Es ist daher kein Zufall, dass der Nationalsozialismus mit seinen rigiden Prospekten von Rassenreinheit und Weltbeherrschung jene Generation junger Männer anzog, die nach dem Ersten Weltkrieges positive Vaterbilder entbehren mußten und sich in Scharen den Freikorps und faschistischen Organisationen anschlossen, um ihre „amputierte" Männlichkeit auszuleben. Infolge dieser fehlenden Vaterbilder bildete der Faschismus und vor allem der aufkommende Nationalsozialismus einen psychosexuellen Fluchtraum uneigentlicher Identitäten, welche die verhaßten weiblichen Attribute durch martialisches pseudomännliches Gehabe verdecken wollten. Innerhalb dieses pathologisch anmutenden männlichen Herbariums konnte man seine Minderwertigkeitskomplexe unter Gleichgesinnten mit Hilfe von Uniformen, Waffen, Gewalt und Vernichtung anderer kompensieren. Eines seiner eigentümlichen Paradoxien ist, dass der Faschismus als brachiale Männerveranstaltung gerade auf die oben beschriebenen femininen „Muttersöhne" eine erstaunliche Anziehungskraft besaß.

Auffallend ist die große Zahl von Männern mit femininem Einschlag in unmittelbarer Nähe zu Hitler. Besonders stark trat er bei Goebbels, Himmler und Göring hervor. Himmler besaß weiche, weiblich anmutende Hände und hermaphroditische Gesichtszüge, die zwischen männlicher Eindeutigkeit und weiblichem Aussehen unentschieden blieben und im krassen

Gegensatz zu seiner Brutalität und Härte standen. Görings Gesicht und sein pompöses Gehabe schwankten in ihrer Ausstrahlung zwischen Madame Dubarry und einem feisten Bourgeoise, den er zweifelsohne auch verkörperte. Hitler verfügte über die Physiognomie eines „verhinderten" Mädchens, ehe er zum gewalttätigen Potentat wurde, was in seinen Kinder- und Jugendbildnissen zum Ausdruck kommt. Körperlich zeigte sich sein weiblicher Zug in seinem für einen Mann außergewöhnlich breiten Becken, in der Form seiner Hände und seinen beinahe fraulichen Gesichtszügen aus. In mentaler Hinsicht äußerte sich dieser weibliche Zug in der verhältnismäßig starken Neigung zu weinen, selbst um profane parteipolitische Ziele gegen seine Parteigenossen durchzusetzen. Also zu Sachverhalten, die naturgemäß keinen unbedingten Anlaß zu tränenreichen Hysterien bieten. Große und böse Männer behalten immer einige Charakteristika von mutwilligen, polymorph perversen Kindern, deren Triebausrichtung unentschlossen, archaisch und noch keiner eindeutigen Identität verhaftet sind. Sie bleiben auf einer infantil-regressiven Stufe ihrer Entwicklung stehen und kompensieren diese Defizite im persönlichen Bereich durch brutales Machtverhalten. In der Geschichte von Potentaten und auch bei demokratischen Politikern lassen sich zahlreiche Beispiele anführen, von Nero, Alexander dem Großen, Napoleon, Stalin, Mao, Hitler bis Nixon und Milosevic. Dass es gerade solchen pathogenen Charakteren gelingt, sich über alle Traditionen von Anstand, Sitte und Moral hinwegzusetzen und dies in aller Öffentlichkeit, ist erstaunlich genug, weitaus schlimmer erscheint, dass sie ihre persönlichen Marotten und psychischen Verwerfungen zum Zentrum ihrer Politik machen. Die politische Bühne bietet diesen Kreaturen die Möglichkeit, ihre innere Leere und psychische Schwäche in ungehemmte Macht zu transformieren. Gewissermaßen als ein Selbstheilungsversuch auf Kosten der Menschheit. Vielleicht sind es die niederen Instinkte des Menschen, welche seiner archaischen Herkunft geschuldet sind, die solchen Phänomenen zu einem vorübergehenden Erfolg verhelfen. Bereits Sigmund Freud hatte auf die destruktive Kraft der triebbestimmten Verhaltensstruktur des Menschen hingewiesen, die, wenn es nicht gelingt sie zu sublimieren, entsetzliche Dinge verrichtet. Hieran schließt sich die Frage an, ob es überhaupt möglich ist, solche enthemmten Charaktere mit den Paradigmen unserer Vorstellung von Moral, Anstand und Normalität zu erfassen, die Gefahren die von ihnen ausgehen rechtzeitig zu erkennen und Licht in das Dunkel dieser Konstellation persönlicher und kollektiver Übereinstimmungen zu bringen.

Wie kaum ein anderer politischer Führer hat Hitler dieser Konstellation entsprochen und ein so ungeheures Zerstörungspotential freigesetzt, und bei kaum einem anderen war der persönliche Wille so ausschlaggebend für dessen Verwirklichung in konkrete Politik. Seinem Willen widerstand auch die Verselbständigung der nationalsozialistischen Revolution, der zufolge die Revolution normalerweise ihre eigenen Kinder verschlingt Hitler verstand den Nationalsozialismus nicht ausschließlich als politische Bewegung, sondern seiner voluntaristischen „Dämonie" entsprechend, als Wille zur neuen Menschenschöpfung. Indem er Politik als selbstherrliche Willensäußerung verstand, unterschied er sich von den üblichen Mechanismen, die politisches Handeln bestimmen. Selbst gegen Ende unterstand noch alles seinem Willen, was für das Verständnis der Kräfte spricht, die er im Verlaufe seiner zwölfjährigen Herrschaft heraufbeschworen hatte. Sein intuitives Gespür für die verborgenen Ängste und Ressentiments seiner Zeit erfaßte nicht nur die Masse, als deren Sprachrohr er sich verstand, sondern die Widerstände gegen die Moderne, die sich trotz der zunehmenden Liberalisierung und Verbürgerlichung der Gesellschaft vehement behaupteten, wurden durch ihn zu einer überspannten Konstruktion seines weltanschaulichen Programms genutzt. Ihn nur als den frühen Trommler der 20er Jahre oder den Demagogen in der Endphase der Weimarer Republik zu sehen oder gar als seelisch gebrochenen Geisteskranken im Führerbunker unter der Reichskanzlei in den letzten Wochen und Tagen des untergehenden Regimes, hieße seine, über alle geschichtlich vergleichbaren Erfahrungen hinausreichende Intuitionsfähigkeit zu übersehen. Hitler war, was die Strömungen der Zeit betraf, das, was Walter Benjamin einen „Sozialcharakter" genannt hat, indem er ein außerordentliches Gespür dafür besaß, welche Kräfte innerhalb der Gesellschaft zu mobilisieren waren und sich hierbei auch nicht von zeitweise auftretenden Irritationen oder Spaltungsbewegungen von seiner Mission der Vorsehung, wie er es nannte, abbringen ließ. Er war der Schwamm, der alle inferioren Strömungen der Epoche aufsog, um sie zu gegebener Zeit und an geeigneter Stelle über die Massen abzusondern.

Biographische Impressionen

Es gibt wohl kaum eine historische Persönlichkeit von politischer Bedeutung, die so wenig greifbar zu sein scheint und deren charakterliches Bild sich auch nicht ausschließlich aus seiner Hinterlassenschaft begründen läßt, um desto klarer ins Blickfeld des Betrachters zu erscheinen. Das Ausmaß seiner politischen Destruktivität macht aus ihm noch keinen „großen Politiker". Die berechtigten Zweifel hierzu lassen sich nicht zwingend aus einer verbrecherischen Pathologie ableiten, denn das Unmoralische allein wäre unter historischen Gesichtspunkten noch kein hinreichender Grund, ihm seine geschichtliche Bedeutung abzusprechen. Die Geschichte mißt nicht die Größe eines Politikers an seinen guten und bösen Taten;

demzufolge würde wohl kaum für irgendeinen Politiker oder Staatsoberhaupt das Etikett eines großen Staatsmannes zutreffen, denn gute oder böse Werke haben sie mehr oder weniger alle zustande gebracht. Für Hitlers Leben gilt, neben allen berechtigten moralischen Einwänden, vielmehr das Gesetz der Ästhetik, nach dem keiner Größe besitzt, wenn er ein unangenehmer Mensch ist. Und eben dies ist Hitler in hohem Maße gewesen; sein abstoßende Gewöhnlichkeit, seine Unnahbarkeit im persönlichen Umgang, seine Kontaktschwäche und Verschlagenheit, seine Rachsucht und Unduldsamkeit die alle zusammen, die Werkzeuge seines haßerfüllten Wirkens auf der politischen Bühne bereitstellten. Es sind diese überwiegend negativen Eigenschaften, die ihn als einen unmoralischen und zugleich empathielosen Menschen erscheinen lassen. Jedoch unabhängig davon, die Politik seiner Zerstörungen zum Maßstab seiner destruktiven Persönlichkeit zu machen, über die er mitunter definiert worden ist, bleibt sein Erscheinungsbild für die Nachwelt trotz allem merkwürdig blaß und ausdruckslos und vieles von ihr im Dunkel der Zeitgeschichte, so dass manches was über seinen Charakter gerätselt wurde, weit mehr auf den psychischen Zustand seiner millionenfachen Anhänger hindeutet. Seine ungeheuere Begabung, die Massen zu überwältigen und durch die Aura seiner zwingenden Dämonie an sich zu binden, weist spiegelbildlich nur auf das Ausmaß der Verführbarkeit hin, denen die Menschen zu allen Zeiten und insbesondere in sozialen Krisensituationen ausgeliefert sind.

Entgegen manche, ins Metaphysische reichende Deutungen hat der Kulturanthropologe und Psychoanalytiker Erik H.Erikson in seinem klugen Essay *Die Legende von Hitlers Kindheit* [6] darauf verzichtet, Hitler als „psychopathischen Paranoiden", als „amoralisches sadistisches Kind", was seiner dauerhaften Adoleszenz am ehesten entsprochen hätte, als „überkompensierenden Feigling" oder als „Neurotiker unter Mordzwang" darzustellen, wie er gelegentlich in unterschiedlichen psychologischen Deutungen interpretiert wurde. Sicherlich verkörperte er in gewisser Weise zeitweise diese Psychopathologismen, aber er war, und das ist das Erschreckende und zugleich Unfaßbare, etwas, was weit über dies hinausging. Zweifellos besaß er Persönlichkeitszüge, die sich gefährlich nahe an die Grenze zum Pathologischen hin bewegten. Seine Fähigkeit, Illusionen zu nähren, an der Grenze zur Irrationalität zu handeln und aufgrund seines manipulativen Charisma Aktionen in Bewegung zu setzen, die eines schriftlichen Befehls nicht bedurften, war so außerordentlich, das jede eindimensionale Deutung nur einen Bruchteil seiner facettenreichen Schauspielermaskerade freilegt. Die geniale Dramaturgie seines öffentlichen Auftretens hat dazu verführt, ihn aus der bewußt kalkulierten Nähe zur Grenzlinie des Wahnsinns und einer unberechenbaren paranoiden Persönlichkeit zu deuten.

Deren Wurzeln, so wurde angenommen, schienen in einer traumatischen Kindheit zu liegen, die aber letztlich die destruktive Wucht seines politischen Wirkens nicht erklären können. Aus Hitlers Kindheit und Jugend ist keine Vorwarnung zu erkennen, die auf seine spätere monströse Entwicklung hindeuten würde Zu ihm gehört keine hochdramatische und außergewöhnliche Lebensgeschichte. Jedenfalls unterscheiden sich seine Kindheitserfahrungen kaum von denen, die in damaligen Zeiten unter vergleichbaren soziokulturellen Umständen üblich waren. Es mag durchaus umstritten sein, ob sein Narzißmus und seine pubertäre Egozentrik, die er während seines ganzen Lebens beibehielt, sich bereits in seinen Kindheits- und Jugendjahren erkennen lassen. In seiner Kindheit sind auch keine bemerkenswerten Voraussetzungen festzustellen, die zu seiner zunehmenden Entmenschlichung und „Petrifizierung" seines Charakters die zwingenden Ursachen gelegt hätten. Hitlers facettenreiche Destruktivität ist alleine aus der Familienbiographie seiner Kindheit- und Jugendjahre kaum zu erklären. Es muß also irgend etwas in seinem Charakter gelegen haben, was sich einer eindeutigen psychologischen Diagnostik entzieht und die nicht aus kindlichen Traumatisierungserlebnissen erklärt werden können. Eher ist anzunehmen, dass die entscheidenden Jahre seiner Persönlichkeitsprägung jene Zeitspanne gewesen ist, wo er ziel- und planlos in Linz und später in Wien eine ungeordnete bohemienhafte Existenz führte. Sein Drang, selber ein anerkannter Künstler zu werden, brach sich an seiner lethargischen und zugleich verantwortungslosen Lebensgestaltung, die bar jeglicher Erkenntnis war, dass Kunst von Können kommt und das Ergebnis harter Arbeit ist. Insofern blickte er voller Neid und Mißgunst auf all diejenigen, die es im Wien des frühen 20.Jahrhundert zu etwas gebracht hatten. Und das war im kaiserlichen Wien in erster Linie das jüdische Bürgertum, welches in Literatur, Kunst und Finanzwesen beachtlicher Leistungen entfaltete und somit den Traum der Assimilation Wirklichkeit hatte werden lassen und folglich im Vielvölkerstaat zum eigentlichen „Staatsvolk" wurde [7] Auch die Vermutung, dass Hitlers späterer Judenhaß durch die Ablehnung angeblich jüdischer Professoren der Kunstakademien ausgelöst wurde, hat sich als unhaltbar erwiesen. Keiner der in Frage kommenden Professoren war Jude, mit Ausnahme von Alfred Roller, der Hitler gerne gefördert hätte und von dem noch zu reden sein wird.

Im Falle Hitler sind die Ursachen seiner psychischen Deformationen chronologisch schwer nachzuvollziehen, da manches seines vielschichtigen Erscheinungsbildes sich einer eindeutigen Analyse entzieht. Weder eine besondere Neigung zum Verbrecherischen hebt ihn aus der Masse der Tagträumer, Männerheimbewohner und Entwurzelten in Wien heraus, noch dass sich sein späterer Judenhaß bemerkbar gemacht hätte. Im Grunde führte er während seines sechsjährigen Aufenthaltes in Wien ein unauffälliges, wenngleich auch unstetes Leben. Erst in der Retroperspektive wird deutlich, dass die Wiener Jahre, Lehrjahre für den späteren Politiker waren, die vermutlich in entscheidender Weise zu seiner späteren Entwicklung beigetragen haben. Aber es hätte wie so oft im Leben auch anders kommen können und er wäre niemals aus dem Schatten der Gesellschaft herausgetreten. Als er ab 1919 als „Trommler" in die Öffentlichkeit ging, benutzte er jene Parolen, die er in Wien lernte und bediente sich gleicher agitatorischen Methoden, die er von seinen antisemitischen politischen Vorbildern übernommen hatte. So übernahm er von Schönerer, dem radikal denkenden Führer der „Deutschen Volkspartei", die in Oberösterreich regierte, den Begriff der Volksgemeinschaft, wie überhaupt Hitlers Vorliebe für die Deutschnationalen und deren völkische Begeisterung für das Deutsche Kaiserreich in dieser Zeit offensichtlich seinen Ursprung hatte. Die Deutschnationalen lehnten die Bezeichnung Österreich ab und sprachen statt dessen von der Ostmark, eine Bezeichnung, die nach dem Anschluß Österreich 1938 von den Nationalsozialisten übernommen wurde. Während seiner Wiener Jugendjahre scheint sich auch sein Antisemitismus allmählich entwickelt zu haben, der sich später zu tödlichem Vernichtungswahn entfalten sollte, wenngleich sich aus dieser Zeit auch keine konkreten Anhaltspunkte hierzu ergeben haben, außer die Tatsache, dass er in der Hauptstadt des Vielvölkerstaates unterschiedlichen jüdischen Menschen begegnet ist. So bleibt manches über ihn im Dunkel seiner Biographie und wie so vieles in seiner Persönlichkeit bleibt auch sein beispielloser Antisemitismus letztlich unergründlich. Diesen aus seinem Elternhaus abzuleiten überzeugt nicht, da nach seinem eigenen Bekunden dort in politischer Hinsicht eine durchweg liberale Gesinnung herrschte. So konnte sich Hitler nicht darin erinnern zu „Lebzeiten des Vaters das Wort (Jude) auch nur gehört zu haben".[8] Offensichtlich kompensierte sein Antisemitismus in einer gebündelten Form seinen bis dahin ziellosen Haß auf die bürgerliche Welt. Es ist gewiß kein Zufall, dass er seine lebenslange Scheu vor dem Weiblichen und Geschlechtlichen in der Weise verschob und auf andere Objekte projizierte, indem er im Juden den Verführer und Blutschänder schlechthin sah. Beide tiefsitzenden Komplexe, der Neidkomplex auf alle erfolgreichen und anerkannten Mitglieder der bürgerlichen Gesellschaft und der um so stärker hervortrat als sein Wunschtraum ein anerkannter Künstler zu werden nicht in Erfüllung gehen konnte, sowie seine paranoide Angst vor dem Weiblichen, fanden ihr psychisches Ventil im Haß gegen das Jüdische. Insofern dürfen wir bei Hitlers Antisemitismus, auf den Einzelfall bezogen, den klassischen Abwehrmechanismus der Verschiebung,[9] allerdings mit tödlichen

Folgen für Millionen von Menschen, zu Grunde legen. So werden die psychischen Entlastungsmechanismen des einen, um dem inneren Abgrund auszuweichen, zu tödlichen Paradigmen für die anderen. Dem Juden wurden in der nationalsozialistischen Propaganda zwei negative Attribute unterstellt, dass er die bolschewistische Weltverschwörung zum Ziel hatte und ein Verderber und Zersetzer germanisch-arischer Kultur und Rasse sei. Beides gründete sich in der psychischen Verfaßtheit des paranoiden Charakters Hitlers, der die Wirklichkeit nur in den manichäischen Dimensionen eines immerwährenden Kampfes zwischen unvereinbaren Gegenpolen sehen konnte.

Der Versuch, den späteren Diktator und Verbrecher einzig aus scheinbar auffallenden Merkmalen seiner Kindheit erklären zu wollen, birgt das Problem, das soziale und politische Umfeld jener Epoche aus den Augen zu verlieren und dessen Bedeutung für die charakterliche und politische Entwicklung einer zeitgeschichtlichen Person zu unterschätzen. Legt man freilich an seiner Kindheit den Maßstab normaler Kindheitsinteressen zugrunde, so erscheint in jenen Jahren seines Lebens der Umstand in gewisser Weise auffällig, dass er voller Begeisterung aus der Bibliothek seines Vaters ein Buch über den deutsch-französischen Krieg von 1870/71, zu lesen begann. Diese Lektüre wurde ihm „zum größten inneren Erlebnis"[10], wie er später in *Mein Kampf* schrieb. Seither schwärmte er für alles, was mit Krieg und Soldatentum zusammenhing und Kriegsspiele in seiner Kinderzeit gehörten zu seinen bevorzugten Freizeitbeschäftigungen, wobei er stets die Rolle des Anführers beanspruchte. Aber auch dieses kindliche Dominanzstreben ist noch kein untrügliches Anzeichen für seine spätere autoritäre Führerrolle und seine Fähigkeit andere zu manipulieren und auszubeuten. Allerdings trat seine Vorliebe für alles Kriegerische und Zerstörende immer deutlicher und dauerhafter hervor, so als könnte er sich nur über diese destruktiv anmutenden Vorlieben seiner Identität gewiß werden. Selbst in einem Alter wo normalerweise gänzlich andere Interessen überwiegen sollten, bestand seine liebste Freizeitbeschäftigung darin, sich als Anführer von Kriegsspielen zu behaupten. Und so war es gewiß keine vorübergehende flüchtige Zufälligkeit, sondern entsprach einer internalisierten Facette seines Charakterbildes, dass er als 25 jähriger den Ausbruch des Ersten Weltkrieges voller Enthusiasmus feierte und sich sogleich als Freiwilliger im bayerischen Regiment List meldete. Der Kriegsausbruch schien ihn aus der Lethargie und Auswegslosigkeit seines unsteten Daseins endlich zu erlösen, aber zugleich konnten seinen Phantasien von Deutschlands Größe und seinen eigenen destruktiven Neigungen, so hoffte er inständig, Taten folgen. Aus seiner Ziellosigkeit, seiner emotionalen und sozialen Vereinsamung und seinen unverstandenen Affekten und Sehnsüchten durfte er endlich in die Gemeinschaft einer machtvollen Institution flüchten, die ihn für alle sozialen Demütigungen entschädigte. Der Krieg, und alles was damit zusammenhing, wurde ihm zu einem großen, positiven Bildungserlebnis, vermutlich das einzig Bedeutsame in seinem bis dahin inhaltsleeren Leben.

Nach Auffassung Eriksons war Hitler ein Abenteurer großen Stils, der Persönlichkeit eines Schauspielers nicht unähnlich, da er stets bereit war, verschiedene Rollen zu spielen und im Gehabe unterschiedlicher, teils widersprüchlicher Attitüden aufzutreten. Er konnte fast alle Rollen vortäuschen, die das profane Leben im allgemeinen bereithält und stets wußte er sie entsprechend der jeweiligen Situation zu inszenieren. Die Rolle eines energischen, um das Wohl Deutschlands besorgten Staatsmannes war ihm ohnehin in kongenialer Weise auf den Leib geschrieben. Diese garnierte er zusätzlich in ihren völkisch-nationalen Facetten mit einem gehörigen Arsenal pseudoreligiös verbrämter Phraseologien mit denen er die Vorsehung zu seiner politischen Mission bemühte. Seine ständige Berufung auf die Vorsehung hinderte ihn jedoch nicht daran, bei passender Gelegenheit in hysterische und wutentbrannte Darstellungen zu verfallen, wie er dies zur Durchsetzung seiner Ziele gegen die Tschechoslowakei am 14.März 1938 in Berlin gegenüber dem tschechischen Staatspräsidenten Hacha in Szene setzte, worauf dieser einen Herzanfall erlitt und in allen Punkten nachgeben mußte. Ebenso verstand er den verständnisvollen Kinder- und Tierfreund vorzuspiegeln, wie er gleichfalls die Rolle des moderaten, aber um so hartnäckigeren Schlichters handfester Ehekrisen seines Führungspersonals ausfüllen konnte, wie im Fall des Ehepaares Goebbels. Mitunter konnte er auch bescheiden und aufmerksam auftreten, wie der Schriftsteller Günther Weisenborn bemerkte, der unbeabsichtigt Mitte der dreißiger Jahre, Zeuge einer Szenerie wurde, in der Hitler und Speer gleichsam die wohlwollenden Protagonisten darstellten: „ Es war ein sonderbares Schauspiel. Wenn der Mensch, den sie Führer nannten, und der heute abend das schlichte Weltkind mit den gutartigen Augen spielte [...] einige Worte sprach, so beugten sich alle umsitzenden Paladine ergeben vor [...]. Es war, als habe ein warmer Wind der Ergebenheit die stolzen Halme lautlos gebogen, so dass ich nur noch die gefalteten Specknacken unserer Reichsführung zu Gesicht bekam [...]. Der dickgesichtige Hitler nahm die Ergebenheitswelle auf, und er seinerseits beugte sich diskret jenem Speer entgegen, der rechts von ihm saß und gelegentlich einige artig gelangweilte Worte sprach. Was an Huldigungen dem Hitler entgegenwogte, leitete er an Speer weiter, es schien Speer eine Art bewunderter Geliebter zu sein, und er war es, der die Huldigungen kassierte, als seinen sie Kleingeld". [11]

In seinen öffentlichen Reden beherrschte er die gesamte Bandbreite demagogischer Redekunst, von den einschmeichelnden und moderaten Tönen, mit denen er eine Spannung aufbaute, die alle in ihren Bann zog, bis hin zu haßerfüllten Wutausbrüchen, mit denen er auf seine Zuhörer im wahrsten Sinne des Wortes einschlug. Seine gekonnte Hysterie wußte er so einzusetzen, dass er auf der Bühne des politischen Geschehens dasjenige zum Ausdruck brachte, was in jedem deutschen Leser und Hörer dunkel vorgebildet war und den irrationalen Zeitströmungen entsprach. Insofern verrieten seine jeweils gewählten Rollen mehr über sein Publikum, als in Wirklichkeit über ihn selber. Somit wurde das, was für die erstaunten Nichtdeutsche sonderbar und krankhaft schien, zur verführerischen Melodie in den Ohren seiner deutschen Anhängerschaft. Sein schauspielerisches Talent, auf das gelegentlich Historiker und Biographen hingewiesen haben, erwies sich als vergleichsweise bescheiden, wenn nicht gar dilettantisch und beschränkte sich darauf, sich selbst zu inszenieren. Darüberhinaus bleiben die erstaunliche Übereinstimmung zwischen Hitlers Größenwahn, als Retter Deutschlands ausersehen zu sein und die Unterwerfung der vielen anderen unter seinen Obsessionen voller Rätsel und sind aus heutiger Sicht schwer nachvollziehbar und geben Anlaß zu einer Vielzahl sozialpsychologischer Spekulationen.

Es scheint, dass eine diagnostische Annäherung an seine abstruse Persönlichkeit von der Ebene psychopathologischer Betrachtungsweisen nicht oder nur sehr unzureichend gelingen kann. Und so scheint es ebenso wenig ratsam, deren übliche Kriterien auf ihn anzuwenden, denn insoweit er den Vorstellungen einer antisozialen Persönlichkeit entsprach, war er sie weniger in der Tat, als vielmehr hinsichtlich des Wortes und seiner politischen Instruktionen und Entscheidungen. Vielversprechender ist da der Versuch, seinem Auftreten in der Öffentlichkeit und seinem psychologischen Erscheinungsbild einige Merkmale zugrunde zulegen, welche normalerweise dem Bild einer stabilen und ausgeglichenen Persönlichkeit entsprechen und die auf Hitler in keiner Weise zutreffen. An dem, was bei konstruktiven und zur Empathie fähigen Personen deren Leben reichhaltig macht, ihm Schwere und Wärme gibt und ihm Sinn und Wert vermittelt, ist bei Hitler so gut wie nichts vorzufinden. Ohne irgendeine Psychopathologie zu unterstellen, zeigt das alltägliche Erscheinungsbild Hitlers eine mehr als problematische Persönlichkeit. Seine Moral war die der Gosse und Ganoven, verschlagen, unehrlich und nur auf seinen eigenen Vorteil bedacht, anstatt das Gemeinwohl im Auge zu behalten und bar jeder Vorstellung echter Werte, die den Sinn eines Lebens ausmachen. Für ihn galt nur Taktik und Demagogie und so war auch sein politisches Handeln frei von jeglichen Skrupeln. Seine politische Tätigkeit war eine einzige Lüge, die gegen sich selbst und vor allem gegen die Menschheit. Sebastian Haffner hat ihn daher zu Recht als einen Schwindler in der Maske eines Staatsmannes bezeichnet.

Sebastian Haffner hat in seinen „*Anmerkungen zu Hitler*[12] ein Bild entworfen, was, von der abstrakten Vorstellung über ein lebenswertes Leben, die möglichen vorhandenen Psychopathologismen seines Charakters ausblendet. Und somit ist es bemerkenswert konkret, da es die profanen und allgemein üblichen Merkmale einer Persönlichkeit sind, die weitgehend frei von psychisch abnormalen Obsessionen auftritt. Über diese verfügte Hitler nicht und hierin liegt die eigentliche „Pathologie" seines Verhaltens. Damit rückt ein konkretes Alltagsbild in den Vordergrund der Betrachtung, was einerseits psychologischen Deutungsversuchen widersteht, andererseits aber ein Unbehagen darüber hinterläßt, dass mit dieser Person etwas wesentlich menschliches nicht zum Tragen kommt, was uns weiter nicht zu beunruhigen brauchte, wenn es sich nicht um den größten politischen Verbrecher der Weltgeschichte handeln würde, der grenzenlose Macht besaß.

Haffner widerlegt das bekannte Wort des Wiener Kritikers Karl Kraus, „dass ihm zu Hitler nichts mehr einfalle" und begnügt sich damit, ihn als eine Person auf der Ebene des äußeren Scheins zu beschreiben. Was den Kult um den äußeren Schein seiner Selbstdarstellungen betraf, so war er der ausdauerndste und inbrünstigste Adorant, der in narzißtischer Weise sich selbst als Zentrum des Universums sah. Demgegenüber entbehrte seiner Person alles das, was einem Menschenleben eine unverwechselbare Würde verleiht. Er verfügte weder über eine tragfähige Bildung, noch dass er zu einer authentischen Kommunikation fähig war, sondern stellte sich in mitunter peinlicher Weise als Halbgebildeter dar, der zu allem was ihm unter die Augen kam, sein vorgefertigtes und selektives Wissen, über welches er in mentalen Arretierungen als eine unendliche Kette von Vorurteilen verfügte, in endlosen Monologen preisgab. Damit versuchte er einem Publikum zu imponieren, das aufgrund seiner untergeordneten Stellung außerstande war, seinen Vorurteilen und unsinnigen Interpretationen zu widersprechen oder was aus eigenem Unwissen heraus, nicht in der Lage war, Korrekturen und kritische Einwände vorzutragen. So sind, Haffner zufolge, die sogenannten Tischgespräche in den Führerhauptquartieren, beredte Zeugnisse seiner Bildungsmängel.[13] Obgleich er gewissermaßen belesen war, so fiel dem kritischen Beobachter dennoch seine selektive Wahrnehmung auf, die Dinge, welche nicht seine kognitive Neugier weckten, zu verwerfen und dies waren vor allem diejenigen die seinen Vorurteilen nicht entsprachen oder sie gar widerlegten. Seine ihm oftmals unterstellte Genialität war die der Mittelmäßigkeit des Halbgebildeten und

seine Durchschnittlichkeit war überdurchschnittlich. Aufgrund seines eidetischen Gedächtnisses, welches ihm zu der Fähigkeit verhalf, einmal gelesene Fakten wie in einem Film erinnerungsmäßig und lückenlos gedächtnishaft zu bannen, täuschte er ein strukturiertes Wissen vor, dass ihm den Ruf allgegenwärtiger Weisheit und Klugheit verschaffte. In Wirklichkeit schien dieses angesammelte Wissensmaterial wie arretiert und unreflektiert nur seine starren Weltbilder auszufüllen, ohne Neugier auf andere und neue Erfahrungsinhalte. Daher diente alles auf der Basis seines monolithisch starren Wahrnehmungsbildes, welches von einer gewissen Eindimensionalität des Erlebens und der sinnlichen Erfahrung gezeichnet wurde, zur Untermauerung seiner vorgefaßten Überzeugungen und eidetischen Impressionen. Dieser ausgeprägte regulative Wahrnehmungsmechanismus gestattete ihm, Unangenehmes zu ignorieren und es aus seinem emotionalen und kognitiven Bewußtsein zu verbannen. Über seinen sechsjährigen Wiener Aufenthalt hat er später gesagt, dass sich in diesen Jahren sein Weltbild und seine Weltanschauung zu einem „granitenen Fundament" gebildet haben, die sein Handeln als Politiker prägten und zu dem er später nichts mehr hinzufügen oder zu ändern brauchte. Somit läßt sich bei Hitler schon sehr frühzeitig, während seiner Wiener Jugendjahre, eine Unterscheidung in der Wahrnehmung objektiver und subjektiver Realität erkennen. Diese Realitätsverkennung zog sich als durchgehender Wesenszug durch seine gesamte politische Laufbahn, vor allem dann, wenn er mit unangenehmen Gegebenheiten konfrontiert wurde. Hierzu gehörte eben so die Tatsache, dass er als Führer und Reichskanzler sich strikt weigerte, die Kriegsfront in Rußland zu besuchen, wie, dass er bei Reisen in seinem Sonderzug stets die Fenster verhüllen ließ, wen er durch die zerstörten deutschen Städte fuhr. Seiner starren Wahrnehmungsstruktur entsprechend besaß er die Fähigkeit einmal Gelesenes oder Gesehenes gewissermaßen photographisch abzubilden und bis ins kleinste Detail wiederzugeben. Diese Fähigkeit verdankte er ausschließlich seiner eidetischen Veranlagung,
[14] mit der er vor allem die Militärs verblüffte. Da er in der Lage war, kleinste Details militärischer Dinge wiederzugeben, vermittelte er den Anschein eines genialen Feldherrn, dem der Nimbus übermenschlichen Wissens zugeschrieben wurde. Andererseits verhinderte sein photographisches Gedächtnis, Phantasie und Realität voneinander zu unterscheiden, was sich vor allem im militärischen Bereich verhängnisvoll auswirkte. Außerdem führte es dazu, einmal wahrgenommene Eindrücke über andere Personen als feststehende, unkorrigierbare Bilder zu introjizieren. Daneben besaß er eine archaische Charakterstruktur, die auf sein Gegenüber eine geheimnisvolle Wirkung ausübte und jeden in seinen Bann zog, ihm aber selber nicht näher kommen konnte, da er dies in seiner Unnahbarkeit und Gefühlsleere nicht

zuließ. Um so erstaunlicher war, dass er mittels seines Blickes, welches der Psychologe Manfred Koch-Hillebrecht als „Drohstarren" bezeichnet hat, selbst Menschen in seinen Bann ziehen konnte, die zuvor völlig andere Meinungen über strittige Sachverhalte vertraten und hernach ihm nichts mehr entgegenzusetzen hatten. Solcherart Beispiele lassen sich zahlreich aus den Besprechungen mit seinen ranghöchsten Militärs anführen. Der englische Historiker Hugh Trever-Roper ist der Auffassung, dass Hitlers Wirkung auf die Massen und vor allem im unmittelbaren Kontakt auf seine Augen zurückzuführen war und die so viele scheinbar nüchterne Männer förmlich behexen konnte. "Hitler hatte Hypnotiseuraugen, die die Vernunft und Gefühle aller, die sich ihrer Macht ergaben, in ihren Bann zog [...]".[15] Das, was Trever-Roper als hypnotische Fähigkeiten beschreibt, ist psychologisch betrachtet, die Unnahbarkeit eines Narzißten, dem es an echte und tiefe menschliche Begegnungen nicht gelegen ist und der von einem grenzenlosen Hang zur Manipulation anderer Menschen beherrscht wird.

Hitler besaß weder einen Beruf, selbst Politik war weniger ein Beruf, sondern eher Ausdruck seines unsteten Lebens, noch dass er über eine wirklich neue Vision vom Zusammenleben der Menschen und somit Vorstellungen über die wesentlichen Aufgaben von Politik verfügt hätte. Seine politischen Ideen bezog er aus dem geistigen Schutt von Jahrhunderten, den er als „Steinbruch beliebig verwertbarer Geschichtsspolien" (Trever-Roper) verwendete.[16] Ohne die Erweckungserlebnisse, die ihn dazu brachten, Politiker zu werden, hätte sich sein Leben vermutlich in der Nichtigkeit einer unsicheren sozialen Existenz verflüchtigt. Solcherart Erweckungserlebnisse hatten ihn verschiedentlich heimgesucht. Bereits in Linz überkam ihm nach einem der zahlreichen Besuche der Wagner-Oper Rienzi im Linzer Stadttheater die Anwandlung, es dem Helden Rienzi gleichzutun, der sein italienisches Volk vom Joch der österreichischen Fremdherrschaft befreite, in ähnlicher Weise das deutsche Volk aus der „Knechtschaft" fremdländischer Einflüsse zu erlösen. Diese Visionen wurden nach dem Ersten Weltkrieg durch das Versailler Diktat verstärkt und weckten in ihm erst recht derartige prophetische Erlösungsphantasien. Wenngleich im ersteren Fall pubertäre Jugendschwärmereien zum Ausdruck kamen und nach dem Erlebnis der Kapitulation 1918 erstmalig handfeste politische Absichten in Umrissen erkennbar wurden, so verließ ihn zeitlebens nicht der berauschende Eindruck, mit dem die gesamte Szenerie des Rienzi mit ihrem Heldenepos und ihrem bombastischen Klanggetöse auf ihn einstürzte. Selbst als Reichskanzler fühlte er sich zu dieser Musik so sehr hingezogen, die Wagner selber später als seinen Schreihals abwertete, dass er die Ouvertüre als Auftaktmusik zu den jährlichen Reichsparteitagen auswählte. Einem Minister, der ihm dieses minderwertige musikalische Stück einmal ausreden wollte, gab er zu verstehen, dass die Oper Rienzi mehr als nur Musik sei, sondern sich dahinter ein ganzes politisches Programm verberge. War die Musik Wagners jenes emotional aufwühlende Substrat, welches seine pubertären Schwärmereien zusätzlich verstärkte, so sollte sich als weitaus bedeutsamer für die spätere politische Laufbahn jene traumatische Erblindung gegen Ende des ersten Weltkrieges herausstellen, die er infolge einer Gasvergiftung an der flandrischen Front erlittenen hatte. Während er im ostpreußischen Pasewalk in einem Lazarett die Verletzung auskurieren mußte, überraschten ihn die Schlagzeilen von der Kapitulation der Reichswehr auf Veranlassung der Regierung, unter Zustimmung der Sozialdemokraten. Diese Kunde traf ihn wie ein Schock und sie war nicht nur Anlaß, dass er nunmehr „beschloß Politiker zu werden", sondern sie sollte auch die Grundlage zu seiner lebenslangen Propaganda der sogenannten „Dolchstoßlegende" bilden. In psychiatrischen Kreisen wurde lange darüber gerätselt, ob die Erblindung nicht auch eine psychosomatische Reaktion auf die bedingungslose Kapitulation sei, die ihn wie einen existentiellen Vernichtungsschlag getroffen haben muß, denn zugleich war damit auch seine soldatische Existenz zu Ende und sogleich entstand die Angst, wie in seinen Münchener Jahren, wiederum ins Bodenlose zu stürzen und vor dem ihm seinerzeit nur der Ausbruch des Ersten Weltkrieges bewahrt hatte. Diese paranoide Angst, seiner eigenen Existenz nicht mehr gewiß zu werden, mag vielleicht auch ein Grund dafür sein, dass er selbst in den aussichtslosesten Lagen des Zweiten Weltkrieges, stets einen Rückzug oder eine Kapitulation strikt verweigerte. Seine politische Mission, die er nach außen hin von der Vorsehung ableitete verfolgte er mit erstaunlicher Konsequenz und mit dem sicheren Gespür eines gnadenlosen Charakters, der immer die Vernichtung des politischen Gegners zum Ziel hatte. Hierbei war er auch zur Lüge und zum Vertragsbruch bereit. Während seiner Tätigkeit als Reichskanzler hat er sämtliche internationalen Verträge gebrochen und somit die Regeln verbindlicher Diplomatie und Außenpolitik aufgehoben. Vielmehr galt für ihn nur das Gesetz des Stärkeren und dies besagte in seiner Auffassung, dass der Stärkere nicht nur das Recht besaß, sondern auch die Pflicht, den Gegner zu unterwerfen und zu vernichten, ja, dass es geradezu unerläßlich sei, die eigene, innewohnende Brutalität und Skrupellosigkeit zur Erreichung der Ziele nicht einzusetzen. Die verbindlichen Regeln eines ethischen Umganges waren ihm eben so fremd, wie empathische Gefühle für den anderen. Partnerschaftliche Beziehungen, auch unter den Regierungen anderer Nationen, gab es für ihn nicht, sondern nur frontale Beziehungen, daher waren List und Täuschung die bevorzugten taktischen Instrumentarien seines politischen Handelns.

Zu Freundschaft und damit verbunden zu Ehe und Vaterschaft war er nicht in der Lage. Daran hinderten ihn alleine schon seine sprichwörtliche Intimscheu und die Angst vor der Nähe und Vertrautheit mit anderen. Bereits in seinen Jugendjahren fiel sein bleiches geschrecktes Wesen auf, seine ständige Angst vor Nähe und Berührung durch fremde Menschen, seine Furcht vor geschlechtlicher Infektion, die ihm Anlaß bot, jeden Kontakt mit weiblichen Wesen zu vermeiden. Diese Angst war bereits in seinen Wiener Jahren vorhanden und die sich in absurder Weise dadurch verstärkte, da er hier jene Stadt zu erblicken glaubte, welche der „Blutschande" der Vermischung unterschiedlicher Rassen und Völker den geeigneten Resonanzboden bereitstellte. So heißt es in seinem Machwerk *Mein Kampf*, dass die „Riesenstadt" ihm als die „Verkörperung" der Blutschande vorgekommen sei. Nach dem Ersten Weltkrieg verstand er in geschickter Demagogie seine pathologische Angst vor Unreinheit und Ansteckung programmatisch mit einem ausgeprägten Antisemitismus zu verbinden. In seiner Logik war demnach der Prototyp des rasseschändenden Verführers, welcher den blonden, arischen Germaninnen auflauerte, der „ewige Jude". In den schmuddeligen Bildern einer Sexualpathologie ist er Zeit seines Lebens immer wieder auf seine Phantasmen zurückgekehrt, die Geschlecht und Weiblichkeit immer nur in den obszönen Ausdeutungen von Blutschande, Versippung, Vergewaltigung, Unzucht, genetischer Auslese und Zuchtwahl sehen konnten. Seine größte Sorge galt daher der „Bastardisierung", die lediglich „teuflische und wüste Untermenschen" erzeuge. [17] Selbst Weltgeschichte und die Entwicklung von Völker und Nationen verstand er in diesen Konnotationen stets als eine ständige Brunstorgie eines rassischen Überlebenskampfes der Menschen. In seinen Beschreibungen des „Gegenmenschen" (Fest) stößt man immer wieder auf Projektionen des eigenen Charakters. Die den Juden unterstellten Rachegefühle und lüsternen Absichten in wüster Unterwerfungsgier sich des Weiblichen zu bemächtigen, oder die vielzitierte Lust der Juden an der Zersetzung und Zerstörung ganzer Nationen und Kulturen sind im Grunde genommen nichts anderes, als die Verschiebung eigener unerfüllter Triebbefriedigungen auf das Feindbild. Über die propagandistischen Absichten hinaus, die solche Schreckensbilder aufzeigen sollten, war es sicherlich auch der unbewußte Versuch die eigene Sozialbiographie und die damit verbundenen Gefühle der Minderwertigkeit zu verdrängen. In jener von ihm beklagten Versippung und Blutschande, die Hitler jedoch eher rassebiologisch als sittenwidrig verstand und über die er sich mit sittengeschichtlicher Gelehrsamkeit in der Attitüde eines „Volksgesundheitswächters" aufschwang, zeigten sich, trotz aller Verschleierung des Herkunftsmilieus, gewisse Übereinstimmungen mit seiner eigenen Familie, sowie der von ihm praktizierten geschlechtlichen

Beziehung. So ist allemal bemerkenswert, dass sein Vater Aloys seine um 23 Jahre jüngere Nichte Klara, Hitlers Mutter, ehelichte und Jahrzehnte später er selbst ein intimes Verhältnis mit seiner 19 Jahre jüngeren Nichte Geli Raubal führte, deren Leben 1931 in Hitlers Münchener Wohnung durch Selbstmord endete. Der Politiker Hitler nahm 1927 die 19 jährige Nichte in seinen Münchener Haushalt auf und machte sie zu seiner Geliebten, so wie einst sein Vater Aloys die 16 jährige Nichte Klara Pölzl aus dem österreichischen Waldviertel geholt hatte. Augenzeugenberichte aus seiner Linzer und Wiener Zeit stimmen darin überein, dass sein Verhältnis zu Frauen vor allem in seinen Phantasien, Träumen und gelegentlichen Verhinderungen bestand, wenn sich eine konkrete Beziehung anbahnte, was selten genug vorkam. Eine zusätzliche Verstärkung erfuhr diese selbstgewählte Askese vermutlich durch die isolierte Atmosphäre der Männerwohnheime, wo der junge Hitler längere Zeit verbrachte. Auch mag die überlieferte schüchterne und unwirkliche „Blickbeziehung" zu einem Wiener Mädchen namens Stefanie,[18] ein Beleg dafür sein, wie sehr sein Verhältnis zu Frauen und weiblicher Geschlechtlichkeit unbeholfen, verklemmt und introvertiert war. Psychologisch passen diese Merkwürdigkeiten eines jungen Mannes, wie andere Facetten des Sozialverhaltens Hitlers, auf der charakterlichen Skala seiner Kontaktschwäche und mangelnden Bindungsfähigkeit. Entweder versuchte er solche Defizite durch theatralische, ins martialische gewendete Auftritte in der Öffentlichkeit zu kompensieren, hingegen im engeren unmittelbaren Kontakt mit anderen Menschen seine Schüchternheit und eine kalte Unnahbarkeit überwiegten und mit der er eine undurchdringliche Wand zwischen sich und dem anderen errichtete.

Noch in der sogenannten Kampfzeit während seiner Münchener Jahre, als er begann, mit Hilfe einflußreicher Kreise die gehobene Bürgerschicht zu erobern, fiel sein linkisches und mitunter bizarres Erscheinungsbild auf. Sein gehemmtes Auftreten in diesen, an Etikette und formaler Höflichkeit gewöhnten Kreisen wurde durch eine auffallend unpassende Kleidung zusätzlich unterstrichen. So erschien er zu vornehmen Abendveranstaltungen und Dinners in grobem Jägerwams, Gamaschen und mit der obligatorischen Reitpeitsche bewaffnet, was oft belustigendes Erstaunen auslöste. Der eher skurrile Eindruck verblaßte jedoch in dem Augenblick, sobald er das Wort ergriff und in geschickter Weise, die Nöte und Sorgen des Publikums aufgriff und es unwiderstehlich in seinen Bann zog. Was ihn für seine Zuhörer so überzeugend erscheinen ließ, war seine außerordentliche Fähigkeit, dass, was er als seinen eigenen Glauben hielt, als vorweggenommene Wirklichkeit zu verkünden.[19] Er verstand es, wie kein anderer der politischen Agitatoren der Weimarer Republik, dem Ärger der Menschen in primitivster Schwarzweißmalerei ein programmatisches Ventil zu bieten. Denjenigen, die es hören wollten, gab er mit seiner Überzeugungskraft und seinen beschwörenden Zukunftsvisionen eine unwiderstehliche Botschaft mit auf dem Weg. Diese außerordentliche propagandistische Überzeugungskraft, die während seiner Herrschaft im Dritten Reich zu einem umfassenden Führerkult ausgeweitet wurde, war bereits in seinen Anfangsjahren als „Trommler" der Münchener NSDAP erkennbar. Trotz aller Vorbehalte, die in gewissen bürgerlichen Kreisen gegen den merkwürdigen, fanatischen jungen Mann gelegentlich aufkamen, scheint dennoch seine autosuggestive Macht überwogen zu haben, mit der er seine Zuhörer wie mit einem unsichtbaren Band an sich fesseln konnte. In seinen Münchener Jahren waren es die bürgerlichen Vorurteile gegen die Unwägbarkeiten der Demokratie, die Zerfallserscheinungen liberaler und konservativer Traditionen und die zunehmenden wirtschaftspolitischen Verwerfungen, die ihn für diese Kreise interessant werden ließen. Ohne diese Auflösungserscheinungen hätte er schwerlich die breiteren Kreise des Establishments für sich gewinnen können. Vermutlich wäre seine Partei eine Randerscheinung geblieben und er hätte weiterhin nur dem Geschmack einer radikalen Minderheit entsprochen.

Hitlers linkisches Auftreten in bürgerlichen Kreisen war sicherlich auch Ausdruck seines tiefsitzenden Minderwertigkeitskomplexes gegenüber der bürgerlichen Welt. Dieses ganze Ensemble von Minderwertigkeitsgefühlen, kompensiert mit Ressentiments und Haßgefühlen und gleichzeitigem Hang zu wahnhaften Genieträumen, die Welt zu erretten, gehörte ebenso zu seinem Charakter, wie seine stete Furcht vor Krankheiten und masochistischem Selbsthaß, sowie seiner sprichwörtlichen Unfähigkeit dem rastlosen und gehetzten Dasein etwas Ausdauerndes und Stetiges entgegenzusetzen. Sein ganzes Leben lang verfolgte ihn die Unabänderlichkeit der verrinnenden Zeit, die seinen ins uferlose entworfenen Zielen entgegenlief. Beunruhigt und wie gehetzt von einer chronischen Hypochondrie, die ihn an einen frühen Tod glauben ließ und mit der unerschütterlichen Einbildung der Unersetzlichkeit seiner Person, wollte er alle seine Pläne von Lebensraum, Völkerfraß und Massenvernichtung möglichst schnell Wirklichkeit werden lassen. Er war der Überzeugung, dass spätere Generationen nicht mehr in der Lage seien, diese lebenswichtigen Probleme zu lösen.

Seine kommunikative Unsicherheit, mitunter auch als Schüchternheit interpretiert, stand dagegen im krassen Gegensatz zu seiner verführerischen Macht, die Massen nicht nur zu begeistern, sondern sie sich auch hörig zu machen, sie gleichsam zu berauschen in einem orgiastischen Wechselspiel von Führer und Verführten, bei dem charismatische Faszination und unverhohlene Gewalt die Dramaturgie beherrschten. In treffender Weise hat der Psychoanalytiker Helm Stierlin das Zusammenspiel zwischen Masse und Hitler als penetrierenden Akt bezeichnet, bei dem Hitler die Massen gleichsam vergewaltigte.[20] Hierzu diente auch die stets dunkle Szenerie der nächtlichen Nachtweihfeiern, die jegliches Bewußtsein in sinnbetäubendem Pathos ausschalten sollte. Joachim Fest entdeckte in Hitlers Auftritte vor den Massen einen „obszönen Kopulationscharakter", die Ersatzhandlungen einer ins Leere laufenden Sexualität gewesen seien.[21]

Hitlers privates Leben spiegelt dagegen in seiner Leere und Nichtigkeit die gegenstandslose Hülle einer politischen Existenz wider, bei der es jenseits der Politik kein verläßliches inneres Geländer gibt. Es ist daher, jenseits der Politik und der politischen Leidenschaft, ein inhaltsleeres Leben, das jegliche Tiefe des Charakters vermissen läßt, ohne positiv getönte Facetten, die ihn hätten menschlich näher bringen können. Infolge seiner nihilistischen und destruktiven Grundstimmung war es gewiß kein glückliches Leben, jedoch ein eigentümlich leichtfertiges und leichtsinniges Leben, das an die Haltung eines Spielers erinnert, der alles auf eine Karte setzt, ohne Rücksicht auf sich selbst. Zu diesem Leben gehörten die ständigen Selbstmordabsichten und so stand an dessen Ende, wie selbstverständlich der Selbstmord, der in seiner theatralischen Inszenierung einen nachträglichen Mythos errichten sollte. Sein Leben war bis dahin ohne Anzeichen von Empathie und Wahrhaftigkeit. Selbst in seinem Tode wurden die Lüge und die Täuschung als seine wesentlichen Charaktermerkmale aufrechterhalten, indem die Propaganda seinen Freitod als heldenhaftes Sterben im Kampf gegen den jüdischen Bolschewismus verklärte.

Hitlers Existenz, sowohl als Privatmensch, wie auch als Politiker, war eine Existenz der äußeren Fassade, die dazu diente, das innere zu verhüllen. Joachim Fest sah die Grundanstrengung in Hitlers Charakter darin, „die eigene „Person zu verhüllen wie zu verklären[...]Kaum eine andere Erscheinung der Geschichte hat sich so gewaltsam, mit pedantisch anmutender Konsequenz stilisiert und im Persönlichen unauffindbar gemacht. Die Vorstellung, die er von sich hatte, kam einem Monument näher als dem Bild eines Menschen. Zeitlebens war er darum bemüht, sich dahinter zu verbergen".[22] Da sein ganzes Trachten darauf gerichtet war, seinem öffentlichen Auftreten durch Machtgewinn und totaler Herrschaft, Ausdruck zu verleihen, mußte er alles unternehmen, um die Fassade seiner Existenz so imponierend und drohend wie nur möglich erscheinen zu lassen. Der Kern seiner Persönlichkeit blieb stets unter dem Schleier seiner lebenslangen Selbstverheimlichungsbemühungen verborgen.[23]

Nachdem er gegen Ende des Ersten Weltkrieges beschloß „Politiker zu werden" und er sich anschickte, die politische Bühne der Nachkriegswirren zu betreten, ließ sich bei ihm eine ungewöhnliche Intensität des politischen Lebens und Erlebens erkennen. Bis dahin verlief sein Leben, vorzugsweise im Privaten, ohne irgendeinen sinnvollen Inhalt. Lediglich seinen steten Hang zur bohemienhaften Existenz, verbunden mit der Einstellung, nur das zutun, was seiner chronischen Sprunghaftigkeit entgegenkam, behielt er lebenslang bei. Diese sonderlichen Gewohnheiten begleiteten ihn während seiner Zeit vor dem Ersten Weltkrieg, wo er als eine vergleichsweise unbedeutende Existenz immer gefährlich nahe am Rande des sozialen und persönlichen Absturzes in den Tag hinein lebte und die ebenso in seiner Rolle als Führer und Reichskanzler unübersehbar zum Ausdruck kamen..

Sebastian Haffner hat als besonders Merkmal in Hitlers Leben, dessen durchgängige Eindimensionalität betont, die durch die starre Arretierung seiner Weltanschauungen und Überzeugungen eine zusätzliche Resistenz erhielt und sich gegensätzlichen Entwicklungen widersetzte. In dieser Eindimensionalität lag indessen eine unverkennbare intensive Destruktivität, die sein politisches und privates Leben dauerhaft bestimmte. Bei ihm läßt sich auch keine Reifung des Charakters, keine Entwicklung seiner persönlichen Substanz feststellen, die sich in seinen späteren Jahren in einem umsichtigeren, nachsichtigeren, weiseren und menschlicheren Verhalten hätte bemerkbar gemacht. Abgesehen davon, dass er bis zuletzt das Leben eines Spielers führte, mit der Einstellung des Alles oder Nichts, nahm seine Destruktivität in dem Maße zu, wie er im politischen Raum und in seinem privaten Umfeld Rachsucht entfaltete. Politisches Kalkül und krankhafte verblendete Rachsucht waren untrennbare Elemente seiner Grundauffassung, Realpolitik und private wahnhafte Obsessionen zu verschmelzen. So ließ er nicht nur in den letzten Kriegstagen seinen Schwager Fegelein erschießen, da er sich von ihm verraten glaubte, sondern weit schlimmer, erließ er Ende 1944 und Anfang 1945, als die Lage immer hoffnungsloser wurde, den sogenannten „Nero-Befehl", der die Zerstörung der gesamten Lebensgrundlagen der deutschen Bevölkerung zum Inhalt hatte. Auch hierbei verfuhr er nach der Maxime des „Alles oder Nichts", mit der Begründung, wenn das deutsche Volk nicht in der Lage sei, sich gegen den jüdischen Bolschewismus, wie er es nannte, zu behaupten, dann verwirke es das Recht zu seiner weiteren Existenz. Dieser Vernichtungsakt, zu dessen Inszenierung er sich am Ende entschloß, resultierte nicht aus der offenkundigen Apokalypse, auf die seine Politik hinsteuerte, sondern war beizeiten beabsichtigt, wie er am 27.1.1942 in seinem Führerhauptquartier Wolfsschanze einer erstaunten Tischgesellschaft unverhohlen mitteilte: „Ich bin auch hier eiskalt: Wenn das deutsche Volk nicht bereit ist, für seine Selbsterhaltung sich einzusetzen, gut: Dann soll es verschwinden!".[24] Selbst den eigenen Freitod vor Augen, galt seine größte Sorge, die er in seinem politischen Testament niederschreiben ließ, der vollständigen Vernichtung des Judentums. Sein erklärtes Ziel war die Vernichtung der eigenen Bevölkerung und aller jüdischen Menschen, derer er habhaft werden konnte. Das erstere hat er nicht erreichen können, das zweite hingegen wäre ihm beinahe gelungen und es bedurfte der militärischen Anstrengung starker alliierter Kräfte ihn daran zu hindern. Beinahe zu spät und beizeiten nicht zu früh und bei weitem nicht konsequent genug, wie wir inzwischen wissen.

Metaphysisch betrachtet war Hitler die Inkarnation des totalen Bösen in der Politik. Aber nicht nur dessen Inkarnation, sondern zugleich die ernüchternde und nihilistische Antwort auf jede bis dahin entwickelte Form von humaner Kultur und Zivilisation. Hitler wollte die Welt von ihrer historischen Vergangenheit befreien und das Gesetz der humanistischen Evolution aufheben, weil dieses den Schwachen schützt. Er konnte die Menschheit nur in den Kategorien von Rassenungleichheiten denken, denen sich die Nationen zu unterwerfen haben. Rasse stand für ihn über den Begriff der Nation, die er in eine höhere Ordnung umschmelzen wollte. Die Nation war für ihn nur ein politisches Hilfsmittel der Demokratie und des Liberalismus, die ihm bei seinen Plänen der rassischen Höherzüchtung im Wege standen. Gegenüber Rauschning, dem Senatspräsidenten von Danzig, bemerkte er:" [...] mit dem Begriff der Rasse wird der Nationalsozialismus seine Revolution bis zur Neuordnung der Welt durchführen"[25] Für ihn galten daher nur die Gesetze der Selbsterhaltung und der Selektion der Stärkeren im ewigen Daseinskampf. Insofern war seine Rassenpolitik nicht nur Vernichtung, sondern der Entwurf einer neuen Gattungsordnung, die schließlich den Arier hervorbringt als besonders hochentwickelte Menschenrasse und die zugleich, in seinen Augen der Beweis dafür sein sollte, dass die menschliche Evolution noch nicht zu ihrem Ende gekommen ist. Der Rassenwahn Hitlers hat die Schwelle zu einer Biopolitik überschritten, deren Schatten ihre Vergangenheit überdauern und die Bedrohungen der Zukunft bilden. Damit ist er mit seiner rassischen Bio-Politik und seinem Willen zu einer neuen Menschschöpfung ein Produkt des modernen Zeitalters, in der alles machbar zu sein scheint, ohne jede Hemmungen und wo die Machbarkeit von Politik und Technologie der Moral übergeordnet ist. .

Hitler war mit seiner grenzenlosen Machtentfaltung auf der politischen Bühne der Figur des Magnetiseurs Alban von E.T.A.Hoffmann erschreckend ähnlich, welcher dieser als Prinzip des absoluten Willens zur Macht und ihrer vernichtenden Destruktivität im 19. Jahrhundert konzipierte. Dessen Fluidum oszilliert zwischen den Polen der Machtlust und des Ich-Verlustes und somit war diese Figur als Prospekt bedingungslosen Zerstörungswahn, wie ihn Hitler verkörperte, literarisch antizipiert. Denn der Ich-Verlust, welcher einer psychotischen Störung gleichkommt, bei der sich Alban als alleiniges Wesen sieht, welchem keinerlei Grenzen mehr gesetzt sind und dieser durch die Macht jenes Lustgefühl erfährt, das er aus sich selbst heraus nicht mehr findet. Gleich dem Magnetiseur trat auch Hitler in der furchtbaren Öde eines leeren Raumes auf, in der es für ihn weder Moral noch irgendwelche Hemmungen gab, die das Menschliche zu schützen hätten. Er bestand auf eine Anthropologie des bedingungslosen Ausleseprozesses auf den die Menschen verpflichtet werden sollten und die für ihn nur Verfügungsmasse waren, dazu bestimmt, in einem Kampf über Leben und Tod, die Schwachen auszumerzen. Nur der übermächtige Herrenmensch, durfte sein Existenzrecht behaupten, indem die als minderwertig deklarierten Rassen und Völker ausgelöscht werden sollten. Die phantastischen Bilder der Morbidität und des Unterganges, wie sie E.T.A.Hoffmann entwarf, wurden durch Hitler in alleräußerster Konsequenz verwirklicht. So wie der Magnetiseur vollkommen enthemmt ist, war auch Hitler vollkommen enthemmt und deshalb in der Lage, sich nicht nur über jede Form des menschlichen Zusammenlebens zu erheben, sondern es abgrundtief zu verachten. Seine Vorstellung von der Vollendung der menschlichen Gemeinschaft bestand darin, dass der Friede auf Erden erst dann gesichert sei, „wenn der letzte Mensch den vorletzten umgebracht haben wird".[26] In seiner Reportage über den Eichmann-Prozeß schrieb Harry Mulich 1987, dass das Talent der Literaten diese davor bewahrte, ihren Obsessionen nach Vernichtung und nach der Magie der Macht, Taten folgen zu lassen. Weniger begabten Geistern, wie Hitler, konnten ihr psychisches Heimweh aus der Ödnis ihrer eigenen Existenz nach Macht und absoluter Herrschaft nur durch tatsächliche Vernichtung stillen. Hitler war jedoch im Gegensatz zu der Figur des Alban nicht das „apokalyptische Tier" aus der Tiefe, als das er gelegentlich beschrieben wurde. Aber er und seine Anhänger haben das absolut Böse zum Zentrum ihrer Herrschaft erhoben und sich damit jenseits aller gängigen Vorstellungen von Politik gestellt. Politik war für ihn nicht das Mittel zur Befriedung eines Gemeinwesens, sondern diente lediglich dem Zweck zur totalen Zerstörung

Schon sein politischer Werdegang weist eine frappierende symbolhafte Synchronizität mit historischen Katastrophen auf. Auf den Trümmern des Deutschen Kaiserreiches begann seine ungewöhnliche politische Laufbahn; in den Trümmern seines selbstprophezeiten „Dritten Reiches" endete sie. Seine freiwillige Teilnahme am Ersten Weltkrieg, der in seiner Vernichtungsmaschinerie alle bisherigen kriegerischen Auseinandersetzungen in den Schatten stellte, sah er für sein Leben als wichtigste charakterliche Prägung an. Hier in der Atmosphäre des Kampfes, des Todes und der Vernichtung fühlte er sich in seinem Wesen bestätigt. Später wurde er nicht müde zu betonen, wie entscheidend ihn diese Fronterfahrungen für sein Leben geprägt haben. Für ihn war die Szenerie des Krieges die Schule des Lebens schlechthin.

Der Vernichtungsvorsatz Hitlers, immer bis zum Äußersten zu gehen und selbst bei vergleichsweise geringfügigen Anlässen, die letzte Karte auf den Tisch zu werfen, selbst dann, wenn die Gefahr des Scheiterns in keinem Verhältnis zum politischen Einsatz stand, war sein bevorzugtes psychisches Druckmittel, Politik zu machen und darüberhinaus das einzige authentische Merkmal seines Charakters. Hitlers pathologische „Kampfnatur", die ihn dazu brachte, nur in radikalen Alternativen zu denken und zu handeln und die nur frontale Beziehungen erlaubte, mag Ausdruck seiner überall gegenwärtigen Angst und psychischen Einsamkeit sein. Ob er damit einer unbewußten Todessehnsucht folgte, die seiner angeblich nekrophilen Veranlagung geschuldet war, [27] süchtig gleichsam nach selbstinszenierten Götterdämmerungen, bleibt eine offene Frage auf dem Grunde eines Problems. Anderseits sind Wesen und Verhalten Hitlers kaum zu erklären, seine ungeheure Todesenergie mit der er die zivilisierte Menschheit überzog, wenn die epochalen Strömungen mit ihren kulturpessimistischen Tendenzen, irrationalen Phobien und Überwältigungsprophetien, in denen sich die Zeit gleichermaßen fasziniert wie entsetzt wiederfand, aus dem Blick geraten. All dies wurde von Hitler begierig wie ein Schwamm aufgesogen und seine Genialität lag darin, diese, von Grund auf, anachronistischen Entwürfe, als moderne, krisenüberwindende Prospekte der Zukunft an die Massen zu vermitteln. Sie verbanden die unterschiedlichsten kollektiven Bedürfnisse, wenngleich die antibürgerlichen und antikommunistischen Affekte überwogen. Jene gewaltige Zerstörungsenergie, die Hitler bis zuletzt freisetzte, konnte sich nur aus einem geschlossenen, wie trügerischen Geschichtsbild entfalten, in das er alle erdenklichen Vorurteile, Haßideen und Vernichtungsphantasien projizierte. In Hitlers Erscheinungsbild vereinigten sich alle Attribute eines totalitären Systems, wenn gleich sie in ihrer spezifischen Ausprägung eher seiner Psychopathologie entsprachen und weniger denjenigen Eigenheiten, die einem solchen System die charakterliche Prägung seiner Struktur geben: die Vergewaltigung des Rechts unter den ideologischen Zielen, die theatralische Kulisse der Machtdemonstration durch ihre kalte und menschenverachtende Architektonik, wie sie von Speer geschaffen wurde; die Brutalität der öffentlichen Willensbekundungen, die sich in haßerfüllten und geifernden Reden niederschlug, die Machtstrukturen und Abhängigkeiten in den menschlichen und sachlichen Beziehungen und schließlich die Verwilderung der außerhalb der Politik liegenden Lebensbereiche, die den Grundkonsens der menschlichen Gemeinschaft zerstörte. In dieses Bild, welches nur einen Teil seiner persönlichen Gleichung von Charakter und Politik wiedergab, paßte auch seine zynische Bemerkung, dass es ein Glück für die Regierenden ist, dass die Menschen nicht denken. [28]

Der bereits erwähnte Historiker Hugh Trever-Roper war der Ansicht, dass die Manifestationen und die Besessenheit seiner politischen Psychopathologie nicht so sehr aus einem monströsen Machtwillen kamen, wie sehr dieser auch zu seinem Charakter gehörte, sondern auf die Gewißheiten eines monolithisch starren Weltbildes basierten, dessen Konstanten die Eroberung von Lebensraum und ein obsessiver Judenhaß waren. Vor allem die Darstellungen der zwanziger und dreißiger Jahren, sowie seine atavistischen Obsessionen vermitteln indessen ein Bild seiner Person, die uns fremd und rätselhaft erscheint, je mehr von ihr zum Vorschein gelangt. Dennoch, entgegen dem Anachronismus in die seine Figur gerät, wenn sie als Ausnahmeerscheinung gesehen wird und nicht als die Regel, die den Menschen in seinen Urzustand darstellt, wenn das allzu brüchige Normengespinst von Religion, Ethik und Moral zusammenbricht, tritt die sozialpsychologische Wirkung, die von ihm ausging, um so sichtbarer hervor.

Die Unzulänglichkeit psychologischer Deutungen

Eine derartige Person der Zeitgeschichte und eine so gespenstische zudem, gibt Anlaß zu psychologischen Deutungen, um das Unfaßbare, vor der die Vernunft zu kapitulieren scheint, verständlich zu machen und den Dingen auf den Grund zu gehen. In ihrer Gesamtheit kranken jedoch alle psychologischen Deutungsversuche an unzureichenden Belegen und unterliegen der Versuchung, eine bereits feststehende und lange vertretene Theorie an einem spektakulären und mit der morbiden Faszination des Bösen umwitterten Fall nachzuweisen.

Hitler hat wie kaum eine andere zeitgeschichtliche Person, Anlaß für alle möglichen kühnen psychologischen Deutungen geliefert, die teils phantasiereiche Spekulationen waren und mitunter sich durch eine souveräne Freiheit gegenüber historischem Quellenmaterial auszeichneten. Sich psychologisch mit Hitler zu befassen, bedeutet in jedem Fall, gewiß zu sein, dass nur wenige Anteile seiner Persönlichkeit zum Vorschein gelangen. Der überwiegende Teil seines Charakters bleibt dem Betrachter verborgen und über diesen lassen sich nur Vermutungen und Deutungen anstellen. Hinzu kommt, dass er niemals über seine Biographie in der Weise befragt worden ist oder sich hätte befragen lassen, durch das sein Wesen eindeutiger hervorgetreten wäre. Außerdem hat er nichts unversucht gelassen, die Spuren seiner Linzer und Wiener Jugendjahre zu verwischen. Als Reichskanzler verbot er alle Veröffentlichungen über seine Jugend und seine Familie und ließ alle schriftlichen Zeugnisse aus dieser Zeit beschlagnahmen. Darüberhinaus vermied er jeglichen Kontakt mit seiner weitverzweigten Familie, mit Ausnahme seiner Schwester Paula, die er zeitweise finanziell unterstützte. Er wollte gewissermaßen als familienloser „Messias" und nur in der rastlosen Aufopferung seiner politischen Mission verstanden werden. Die einzige Quelle seiner Biographie sollte sein Machwerk *Mein Kampf* sein, also seine im Nachhinein konstruierte Lebensgeschichte und politische Missionsschrift. Die weitverbreiteten Hitler-Anekdoten erweisen sich bei näherer Betrachtung vielfach als Legenden, da sie zumeist aus seinem unmittelbaren Nahfeld kamen. Auch die zahlreichen Augenzeugenberichte entsprechen keineswegs dem wahren Bild Hitlers und erweisen sich in historiographischer Hinsicht als äußerst problematisch. Auch dasjenige was Albert Speer, der sich stets in unmittelbarer Nähe zu Hitler bewegte, über ihn in seinen *Erinnerungen* niederschrieb, erweist sich als wenig authentisch, sondern trägt apologetische Züge, obgleich Speer darum bemüht war, eine distanzierte Haltung einzunehmen.

Auf der Grundlage seiner psychoanalytischen Theorie der Nekrophilie hat Erich Fromm Hitlers Todeswillen und Vernichtungsdrang in den Mittelpunkt seiner Interpretationen gerückt.[29] Den Ursprung sah er in einer narzißtisch gefärbten inzestuösen Mutterbeziehung, die der junge Adolf unterdrücken mußte und die er später, getreu dem Übertragungsschema auf Deutschland als Mutterimago verschoben hat. So wie er die Haßgefühle auf seine Mutter verdrängen mußte und durch eine narzißtische Beziehung kompensierte, übertrug er diese als Politiker auf Deutschland, dass er schließlich am Ende genau so zerstören mußte, wie seine Mutter. Sein eigentliches Haßobjekt sei Deutschland gewesen und nicht so sehr diejenigen Kräfte, denen sein Vernichtungsfeldzug galt. Seine Beziehung zu Deutschland stellt sich unter diesen Prämissen ebenso ambivalent- narzißtisch überkompensierend und destruktiv zerstörerisch- dar, wie die Beziehung zu seiner Mutter. Ob er tatsächlich Haßgefühle auf seine Mutter entwickelte und die er in pathologischer Weise abreagieren mußte, wie Erich Fromm annimmt, erscheint ebenso zweifelhaft, wie sicher zu sein scheint, dass er eine tiefe Bindung an seine Mutter hatte, wie umgekehrt, Clara ihren Adolf abgöttisch liebte. Nachdem sie drei ihrer Kinder verloren hatte, war Adolf als viertes Kind das erste Überlebende, an dem die Mutter verständlicherweise sehr hing. Fromm stützt seine psychoanalytische Deutung auf die

Aussagen des Hitler-Biographen Jetzinger. Dieser hatte behauptet, Hitler habe seine Mutter auf dem Sterbebett alleine gelassen. Fromm sieht darin den Beweis für seine These von der bösartigen inzestuösen Mutterbeziehung Hitlers, die einerseits dazu führt, die Mutter abgöttisch zu lieben, andererseits aus der Verdrängung tiefer Autonomiebestrebungen, die aus irgendwelchen psychischen Gründen nicht erfüllt werden können, die Mutter zu zerstören. Über Umwege gelangte diese Theorie als historischer Wanderfehler zu dem amerikanischen Historiker Bradley F. Smith und fand Eingang in die amerikanische und deutsche Hitler-Literatur, bis hin zu Joachim Fests Hitler- Biographie. Tatsächlich aber hat die neuere Forschung nachgewiesen, dass Hitler während der letzten Lebenswochen seiner Mutter ständig bei ihr war und sie bis zu ihrem Tode versorgt hat.[30] Der jüdische Arzt Dr. Bloch hat diesen Sachverhalt bei Vernehmungen in den Vereinigten Staaten bestätigt und angegeben, dass ihm in seiner Tätigkeit als Arzt noch niemals ein junger Mensch begegnet wäre, der sich so rührend und aufopferungsvoll um seine Mutter gekümmert habe, wie der junge Adolf. Wenn dies auf den ersten Blick ein Widerspruch zu Hitler antisozialen Persönlichkeitszügen zu sein scheint, so ist aus Sicht der Psychoanalyse ein derartiger widersprüchliches Verhalten im Sinne einer Reaktionsbildung denkbar, vor allem dann, wenn es sich um eine unbewußte Kompensation seiner ambivalenten mütterlichen Beziehung handelt, die eben auch aggressive Tendenzen beinhaltet.

Hitlers immenser Judenhaß resultiert, Fromm zufolge, aus der umstrittenen und schmerzhaften Jodbehandlung, den der jüdische Arzt Dr. Bloch der krebskranken Clara Hitler angedeihen ließ. So wie die Mutter am Krebsgeschwür zugrunde ging, das der jüdische Arzt angeblich durch seine Behandlungsmethode forciert haben soll, würde Deutschland am jüdischen Krebsgeschwür zugrunde gehen, wenn dem nicht Einhalt geboten wird.

Historiker haben indes nachgewiesen, dass der junge Adolf auf diese Behandlung, entgegen den ursprünglichen Bedenken Blochs, bestanden haben soll. Diese Jodbehandlung war zur damaligen Zeit zu Recht unter Medizinern nicht unbestritten. Als besonderes Zeichen der Dankbarkeit schenkte er Bloch ein von ihm gemaltes Bild mit Widmung. Nach dem Anschluß Österreichs veranlaßte Hitler sogar die Ausreise Blochs und es fällt schwer, anhand dieser Fakten, den Anlaß für seinen Judenhaß zu erkennen. Außerdem liquidierte Bloch verhältnismäßig geringe Honorare für die monatelange aufwendige Krebsbehandlung, die insgesamt 300 Kronen für 46 Hausbesuche betrug. Daher entbehren Spekulationen, dass Hitlers Judenhaß durch die falsche und unnötig teure Behandlung durch den jüdischen Arzt Dr. Bloch ausgelöst worden sei, jeder historischen Grundlage. Weitaus eher ist davon auszugehen, dass sein Haß gegen die Juden und letztlich gegen Deutschland, in seiner haltlosen und unsteten Existenz begründet lag, die sich ständig am Abgrund des Scheiterns und eines sozialen Abstieges bewegte und der ins Bodenlose zu führen schien. Und hierin war er sich mit vielen Zeitgenossen einig, die wie er, Neid und Mißgunst gegen das Establishment entwickelten und die Juden für die unzulänglichen gesellschaftlichen und politischen Verhältnisse verantwortlich machten.

Vor dem Hintergrund der sogenannten Schwarzen Pädagogik hat die Schweizer Psychoanalytikerin Alice Miller Anfang der 80er Jahre das exzeßhafte Wesen Hitlers auf die angeblich ständigen körperlichen Mißhandlungen und Züchtigungsorgien durch seinen Vater zurückgeführt.[31] Dessen häusliche Tyrannei, auch seiner Frau Clara gegenüber, habe bei Hitler Vergeltungssucht herbeigeführt und ein Haß auf das väterliche Prinzip. Nachdem Miller in verschiedenen Publikationen von den väterlichen Prügelorgien gelesen hatte, denen der kleine Adolf angeblich ausgesetzt war und sie dieses Erziehungsklima mit ihrer Theorie der Schwarzen Pädagogik in Verbindung brachte, vermeinte sie die Ursache der psychischen Deformationen Hitlers erklären zu können. Hierbei folgte sie ihrem Gefühl, sich vorzustellen, was sich in der Familie Hitler abgespielt hat und wie sehr der kleine Adolf unter diesen Züchtigungen der Schwarzen Pädagogik gelitten haben muß. Hierbei unterstellt sie, dass selbst dann, wenn von Liebe und Zuneigung die Rede ist, es sich in Wirklichkeit um die verschleiernden rigiden Erziehungsmethoden der Schwarzen Pädagogik handelt, die von den Eltern Hitlers an dem jungen Adolf praktiziert wurden. In Hitler muß dann irgendwann der Wunsch erwacht sein, sich für diese Demütigungen zu rächen. Da er außerstande war, diese Rache gegen seinen Vater zu wenden, übertrug er als Politiker diesen oedipalen Haß auf alle väterlichen Instanzen, die sich vor allem in den alten Autoritäten des untergegangenen Kaiserreiches widerspiegelten. Vor dem Hintergrund eines derartigen Übertragungsschemas erscheint es psychologisch folgerichtig, Hitlers Bestreben, gegen den ursprünglichen Willen Hindenburgs Kanzler zu werden, was letztlich zum Erfolg führte, als späteren symbolischen „Vatermord" auszudeuten.

Miller geht sogar so weit anzunehmen, dass Hitlers obsessiver Haß auf die Behinderten und Geisteskranken, vielleicht auf den ständigen Umgang mit seiner buckligen Tante Johanna zurückzuführen wäre, die zeitweise im Haushalt der Hitlers lebte und die offensichtlich das Kind ängstigte. Da es ihm verwehrt war, darüber zu reden, fand er das Ventil für die jahrelange Unterdrückung seiner kindlichen Traumatisierung, indem er Deutschland von der „Plage" der Geistesschwachen und Behinderten befreien wollte. Die Befreiung Deutschlands vom angeblichen Joch der jüdisch-bolschewistischen Verschwörung und die Ausmerzung „unwerten" Lebens gelten in den Augen Millers als unbewußte Rache an den Vater, die er erst vollziehen konnte, als er Führer und Reichskanzler wurde.

Wie sehr sich psychoanalytische Deutungen über Hitlers Charakter in Details widersprechen können, zeigt der Versuch des Psychoanalytikers Helm Stierlin, Hitlers Obsessionen auf der Grundlage seines familientheoretischen Delegationsprinzips zu interpretieren. Demnach soll er angetreten sein, die Mutter für deren, väterlicherseits, erlittenen Demütigungen zu rächen. Gemäß dem Übertragungsvorgang des Oedipuskomplexes beging er den symbolischen Vatermord, indem er Deutschland als mütterliches Symbol von der Vorherrschaft des väterlichen Prinzips, verkörpert durch die Juden und die alten Oligarchien des Kaiserreiches, befreien wollte. Angesichts einer derartigen Konstruktion fällt es schwer, in Anlehnung an Fromm, Hitler einen inzestuösen Mutterhaß zu unterstellen, der bis zur Vernichtung der Mutter reicht. Deutschland als Übertragungsobjekt seiner mütterlichen Beziehung scheint auf den ersten Blick aus psychoanalytischer Sicht plausibel zu sein. Jedoch reicht es bei weitem nicht aus, Hitlers Obsessionen und haßerfüllten Verschrobenheiten einzigartig aus dem subjektiven Erleben seiner Kindheit zu erklären, die zudem nicht so traumatisch abgelaufen zu sein scheint, wie die Analysen behaupten. Überdies bleibt der Blick auf die erstaunliche Koinzidenz seiner Persönlichkeit mit den Zeiterscheinungen einer unruhigen Epoche und ihren Anfälligkeiten für eine Massengesellschaft verstellt.

Die biographischen Grundlagen dieser psychoanalytischen Hypothesen bleiben im Großen und Ganzen unklar und daher sind diese Erklärungsansätze auch nicht überzeugend genug, die pathologischen Tiefen im Charakter Hitlers auszuloten. Weder in seinen eigenen Äußerungen, noch in den einschlägigen historischen Biographien findet sich ein Hinweis darauf, dass der junge Adolf massiveren erzieherischen Einwirkungen ausgesetzt war, als es zu der damaligen Zeit unter patriarchalischen Verhältnissen üblich war. Nun ließe sich einwenden, dass gerade ein solches Erziehungsklima dazu beigetragen hat, einem System wie das Dritte Reich solchermaßen Verbrecher, Mörder und Mitläufer zuzuliefern und hierin ist zweifelsohne ein Grund zu erkennen, dass der Holocaust so zahlreiche willige Vollstrecker fand. Dennoch bleibt aber unklar, wie es gerade einer bis dahin so unbedeutenden Person wie Hitler gelingen konnte, seine eigenen psychologischen Verschrobenheiten zu einer totalitären Politik umzusetzen. Dass hierzu Millionen von Anhänger ihm gefolgt sind, mag seine Ursache in den kollektiven Erscheinungen der Epoche haben und nicht zuletzt bedingt durch eine generationenlange repressive Erziehung; dass es aber einer einzelnen Person gelingen konnte, eine dermaßen destruktive Politik aus der Dynamik seines Charakters zu entfesseln, kann nicht alleine aus dem Erziehungsklima einer bestimmten Zeitepoche abgeleitete werden. Dieses erstaunliche Phänomen in den spezifischen Eigenheiten einer väterlichen Beziehung zu vermuten, greift daher im Falle Hitler zu kurz. Hinzu kommt, dass Aloys Hitler zu einem Zeitpunkt starb, als Adolf 15 Jahre alt war und er infolgedessen die väterlichen Ansprüche nicht mehr zu fürchten brauchte, zumal seine Mutter seine unstete Existenz in verwöhnender Weise unterstützte. Außerdem konnte sie aus eigener Schwäche und Nachgiebigkeit seinem haltlosen Treiben keinen Widerstand entgegensetzen und verstärkte damit seine Neigung, alles zu fordern, ohne Rücksicht auf die Interessen anderer. Demzufolge führte der junge Hitler ein dandyhaftes Leben wie ein Bohemiens, welches diametral den Vorstellungen seines Vaters zuwiderlief, wenn dieser das noch erlebt hätte. Seine Jahre, die er in Wien verbrachte, wo er förmlich in den Tag hinein lebte und sich jeder soliden Beschäftigung entzog, mag bereits der psychische Befreiungsschlag gegen die väterliche Autorität gewesen sein. Zumindest hat er sich hierdurch den väterlichen Wertvorstellungen nach dessen frühen Tod entziehen können.

Solcherart Unterdrückungserfahrungen, denen der junge Hitler, Miller zufolge, angeblich ausgesetzt war, werden erfahrungsgemäß nur dann zu einem gefährlichen seelischen Sprengstoff, wenn sie nicht in der einen oder anderen Weise in den Kindheits- und Jugendjahren aufgearbeitet werden. Einiges spricht dafür, dass Hitlers Adoleszenz, die er entfernt von der Familie in Wien verbrachte, die entscheidende Entwicklungsphase seines Lebens war und er sich von der „unsichtbaren" Macht des toten Vaters befreien konnte und somit nachträgliche Korrekturen, wie Traumaverarbeitung, stattgefunden haben. Die Jahre seiner Adoleszenz haben auf Hitler einen derart prägenden Einfluß gehabt, so dass er Zeit seines Lebens, psychologisch betrachtet, nie mehr aus diesem Entwicklungsstadium herausgekommen ist. Joachim Fest hat ihn daher zu Recht einen lebenslangen Adoleszenten genannt.

Zieht man vor allem seine Wiener Jugendjahre in Betracht und die Art und Weise wie er dort sein Leben verbrachte, so drängt sich durchaus der Eindruck auf, dass es dem jungen Adolf nach dem Tode seines Vaters gelungen ist, sich von seinem Vater zu befreien oder um mit Freud zu sprechen, den symbolischen Vatermord durchzuführen. Insofern hätte später kein Anlaß mehr bestanden die väterlichen Traumatisierungen durch hemmungslose Vernichtungsobsessionen zu kompensieren. Eher ist anzunehmen, dass sein tiefsitzender Minderwertigkeitskomplex aus den Erfahrungen des Gescheiterten in der Alltagswelt wo Normalität und Leistung den Ton angibt, sich mit seinem negativen Vaterbild verband, welches seinen Haß gegen die väterlichen Normen der bürgerlichen Welt prägten und ihn dennoch stets an bürgerliche Pflichten gemahnten, fortan die Hauptlinien seines weiteren Lebensweges bestimmt haben. Wie anders ist zu erklären, dass er in Wien ein Angebot des berühmten Bühnenbildners der Wiener Staatsoper und Leiter der Wiener Kunstakademie Alfred Roller ausschlug, welches seinem sehnlichsten Wunsche entsprach, Malerei bei ihm zu studieren.[32] Statt dessen ging er seinen eigenen „Studien" nach, die darin bestanden, neben endlosen Aufenthalten in Kaffeehäusern und Opernbesuchen, ziellos in Wien umherzuschweifen und die Gebäude der Ringstraße abzuzeichnen. Sicherlich liegt in seiner Unfähigkeit, sich einer strengen und disziplinierten Tätigkeit zu unterwerfen, wie Roller sie ihm abverlangt hätte, einer der Gründe, die seinen lebenslangen Haß auf Professoren, Universitäten und Kunstakademien erklären.

In dieser spezifisch, zwanghaft erscheinenden dauerhaften Unstetigkeit und Gehetztheit seiner Lebensgestaltung traten nicht nur sein tiefsitzender Komplex gegen die Anforderungen der bürgerlichen Gesellschaft zu tage, sondern als Folge dieser Abneigung, seine Unfähigkeit die Bedürfnisse des Lustprinzip gegenüber den Anforderungen des Leistungsprinzip einigermaßen im Gleichgewicht zu halten. Selbst in den Jahren als „Führer" und Reichskanzler entsprach sein „Arbeitsstil" eher dem eines zügelloses „Künstlers", als dem eines verantwortungsbewußten Staatsmannes. Aus dieser existentiellen Hemmungslosigkeit heraus, trat er während seines ganzen Lebens immer nur die Flucht nach vorne an, dem Rausch und Wahn des Äußerlichen verhaftet bis zum Ende, und um seiner eigenen inneren Leere zu entfliehen.

In ihrer Gesamtheit bleiben bei alle diesen Deutungsversuchen mehr Fragen offen, als durch sie beantwortet werden. Sicherlich sind manche Aspekte für die weitere Persönlichkeitsentwicklung Hitlers von Bedeutung gewesen. Alle Einflüsse, denen ein Mensch in seinen frühesten Lebensjahren ausgesetzt ist, tragen ihren spezifischen Teil zu seiner späteren Persönlichkeitsentfaltung bei. Aber es bedarf schon wesentlich massiveren Traumatisierungen, um eine derartige monströse Persönlichkeit hervorzubringen, wie Hitler sie verkörperte. Jenes Erziehungsklima, welches auf Hitler zutraf und was sich im Wesentlichen nicht von den allgemein üblichen Standards einer familialen Sozialisation unter patriarchalischen Strukturen in jener Zeit unterschied, erklärt nicht ausschließlich, warum es ausgerechnet ihm gelingen konnte, seine persönlichen Deformationen und Neigungen zu destruktiver Gewalt und visionären Heilsversprechungen mit den psychopathologischen Strömungen der Epoche zu einem politischen Programm zu verschmelzen und die Massen an sich zu ziehen. Erich Fromm kommt am Ende seiner psychologischen Studie zu dem Schluß, dass man Hitler, trotz aller psychotisch anmutenden Züge nicht als Psychopathen im eigentlichen Sinne bezeichnen kann. Er war in keiner Weise verrückt oder wahnsinnig, wie des öfteren, selbst von Historikern angenommen wurde. Auch sah man ihm auf den ersten Blick seine interpersonellen Abnormitäten nicht an, die ihn als einen in dieser Hinsicht deformierten Menschen auszeichneten. Selbst vor einem neutralen Gericht hätte eine Begutachtung, die ihn als geisteskrank oder im Sinne eines pathologischen Zustands seines Charakters als schuldunfähig erklärt hätte, keinen Bestand gehabt. Abgesehen davon, dass solche Etikettierungen ohnehin fragwürdig erscheinen, eine derartige Persönlichkeit in der gesamten Bandbreite seines vielschichtigen Erscheinungsbildes zu begreifen. Hitlers unbegreifliches Wesen stellt sich vielmehr als die Summe eines in sich gebrochenen, antisozialen und unsteten Lebens dar, indem es kein verläßliches inneres Geländer gab, außer seiner hemmungslosen Neigung über die Instrumente der Demagogie, des Hasses und der Verführung die Menschen und ihre Zeit zu beherrschen. Und dies ist ihm in einem gewissen Zeitraum der Geschichte gelungen. Indes, seine wahren Absichten wurden von der überwiegenden Mehrheit der deutschen und vielleicht auch derjenigen anderer Nationen gründlich verkannt. Aber dies ist nur ein Beweis dafür, dass man das ausgesprochen Abgründige in einem Menschen nicht so leicht erkennen kann, woher es auch immer kommen mag und in welcher Weise es sich letztlich auswirkt. Solange man daher der Meinung ist, dass sich dieses an den äußeren Merkmalen feststellen läßt, wird man einen „bösen" Menschen nicht erkennen.

Würde man jedoch auf jede historische Darstellung verzichten, wie der Regisseur des Dokumentarfilmes *Shoa*, Claude Lanzmann vorgeschlagen hat, weil sie in seinen Augen das Unbegreifliche begreiflich zu machen versucht und damit Gefahr läuft, Verständnis für etwas Unvorstellbares zu haben oder nur ein diffuses Licht in ein unergründliches Dunkel bringt, so besteht die Gefahr, Hitler aus der Geschichte auszusperren und ihn als ein nicht wiederholbares Phänomen zu sehen. Damit würde man die Gefahren des Machtmißbrauches, die grundsätzlich im Menschlichen verborgen liegen, beharrlich ignorieren. Hingegen Hitler als pädagogischen Antimythos einzusetzen und ihn als finsteres Symbol des absolut Bösen zur Abschreckung in die Weltgeschichte zu stellen, enthebt ihn als Ikone des Schreckens jeglicher Auseinandersetzung und erklärt ihn gegenüber allen Bemühungen einer Analyse für sakrosankt.

Visionen und Schatten die nicht vergehen

Historiker wie Ian Kershaw und Karl Dietrich Bracher [33] haben die Koinzidenz zwischen den gesellschaftlichen Kräften und mentalen Strömungen jener Epoche beschrieben, die den Aufstieg, Machtgewinn und das Herrschaftssystem Hitlers begünstigt haben und deren Produkt der Diktator in hohem Maße gewesen ist und aus denen er seine privaten Obsessionen bezog. Seine Karriere begründete sich nicht ausschließlich aus der Zufälligkeit beliebiger, zeitgeschichtlicher Konstellationen und die ihn als jemanden ausgewiesen hätten, der im rechten Augenblick die politische Bühne betrat. Hitler war mehr als das; aus dem „Nichts" kommend, hat er jene Differenz zwischen den Massenbedürfnissen und seinem eigenen Willen und Größenwahn schließen können. Alldem lag ein Voluntarismus der Gewalt zugrunde. Hierin liegt eines der größten Rätsel über ihn und was sich vermutlich einer psychologischen Deutung verschließt oder zumindest deren Grenzen aufzeigt. Hitler hat in seinen Spuren mehr hinterlassen, als die politischen Beliebigkeiten eines einzelnen. Indem er ein ungeheures Zerstörungspotential freisetzte, ist in erschreckender Weise deutlich geworden, zu welchem der Mensch gegen den Menschen fähig ist und wie es einer Person der Epoche gelingen konnte, den Menschen gegen den Menschen aufzubringen und sich hierbei über alle überlieferten Formen von Moral und Ethik hinwegzusetzen. Die vorherige Ahnung, wie dünn die Decke der Zivilisation sein kann und der Grund auf dem wir stehen, ist seither Gewißheit geworden. Wenngleich der Eindruck entstand, die Tendenzen der Epoche würden in eine völlig andere Richtung gehen, so hat Hitlers Erscheinen auf der Weltbühne deutlich gemacht, wie sehr die Aufbruchsstimmung, die jener Zeit so eigentümlich war und sich zwischen den Polen ständiger Beharrung versus einer Euphorie, die den Fortschritt bewegen sollte, in ihr Gegenteil verkehrt werden konnte. Aus der Hoffnung auf eine bessere Welt, auf Solidarität und Freiheit des Individuums, entstand eine archaische Gegenrevolution gegen alles, was zutiefst menschliche Urbedürfnisse sind und auf die, die Moderne keine Antwort geben konnte. Hitlers chileastischen Visionen und prophetischen Versprechungen von Geborgenheit, Volksgemeinschaft und Gleichheit ist die „einsame Masse" aufgesessen ohne es zu bemerken. Mit ihm ist mehr als ein archaischer Urzustand zurückgekehrt, der in seinem Anachronismus oft behauptet wurde und von dem man annahm, das er für die Zukunft nicht mehr erscheinen würde. Nicht zuletzt deshalb, da man von der Vorstellung ausging, dass die fortgeschrittene Zivilisation eine sichere Barriere gegen die Barbarei bilden würde und der Mensch ein für allemal seine berserkerhafte Natur überwunden hätte. Einer Vorstellung freilich, welche die wahre Natur des Menschen beharrlich übersehen wollte. Jedoch man muß nicht den Teufel bemühen, um das Böse des Menschlichen zu verstehen. Jenseits aller metaphysischen Spekulationen über das Wesen des Bösen geschieht es aufgrund der menschlichen Freiheit, denn der Mensch ist das „nicht festgestellte Tier", wie Nietzsche sagte. Er hat die Wahl zwischen Barbarei und Zivilisation. Man war lange der Auffassung, dass der Mensch sich in seiner wechselvollen Geschichte über die Institutionen von Bildung und Erziehung aus Gründen des Überlebens für die Zivilisation entscheiden würde. Doch selbst diese birgt in sich alle Möglichkeiten zu ihrer Zerstörung. Der Glaube an die Kraft der Vernunft und ihrer zivilisatorischen Leistungen, die sie im Verlaufe der Geschichte hervorgebracht hatte, sollte sich als ein Trugbild über den Menschen und der vermeintlichen Sicherheit, die ihm seine selbstgesetzten Normen und Gebote auferlegt haben, herausstellen. Vor allem in den sozialen und kulturellen Errungenschaften hat sich die Zivilisation als trügerisch erwiesen und die Menschen in Sicherheit sich selbst gegenüber gehüllt.

Der Nationalsozialismus war in seiner historischen Einmaligkeit, die Absage an alle humanen Errungenschaften, die bis dahin vorgaben, das Bild der menschlichen Gemeinschaft verbindlich zu gestalten. Zutage getreten ist hingegen deren archaische Natur, welcher auch bereits Sigmund Freud mißtraute und zu deren Sublimierung er riet, da ansonsten jegliche Zivilisation in ihren Grundstrukturen gefährdet ist. Hitler, als eine zivilisatorische Gegenperson der Menschheit, betrat die politische Bühne zu einem Zeitpunkt, wo die alten monarchischen Ordnungssysteme zerbrachen und alles das, was man bis dahin als Zivilisation verstand, hatte längst in den Materialschlachten des Ersten Weltkrieges seine Gültigkeit verloren. Wenngleich die Tage vor und nach den Ersten Weltkrieg nicht voneinander zu trennen sind, wie das Ende einer alten Epoche vom Anfang einer neuen, wie Hannah Arendt schrieb,[34] so kam der Krieg doch einer Explosion gleich, die alles hinwegfegte, außer dasjenige, was die Katastrophe ideologisch und psychologisch vorbereiten half. Jene unseligen Denkmuster, inhumanen Gegenwartsentwürfe und hybriden Selbstüberschätzungen, die zu seinem Ausbruch geführt hatten, überdauerten ihn, wirkten weiter und vergifteten nach und nach das Klima der Weimarer Demokratie. Deren freiheitliche und human gesinnte Kräfte konnten sich letztlich gegen die Übermacht des Destruktiven nicht erwehren. Die Moderne des technologischen Zeitalters kam, neben ihren technischen Errungenschaften, mit den Visionen eines grenzenlosen Schreckens daher und der Androhung totaler Vernichtung aller derjenigen, die sich den totalitären Bestrebungen entgegenstellten und den Geist der Freiheit retten wollten. Erst sie brachte jene Ideologien hervor, die den Menschen ausschließlich in ihren Dienst stellten, ohne nach seiner Selbstbestimmung und Freiheit zu fragen. In der Grausamkeit der Materialschlachten und Stahlgewitter sahen sich Kultur und Zivilisation aufs Spiel gesetzt. Und dennoch, so viel Schreckliches, auch das was wenige Jahre später folgte und alles noch einmal übertreffen sollte, wäre ohne deren vorzüglichen Eigenschaften nicht möglich gewesen. Es bedurfte sehr viel Wissen, „um in so kurzer Zeit so viele Menschen zu töten, so viele Güter zu verschwenden, so viele Städte zu vernichten; aber nicht weniger bedurfte es dazu sittlicher Kräfte".[35] Jene Eigenschaften, welche die Zivilisation erst hervorgebrachte hatten, waren angetreten, sie zu vernichten. Dies war die erste Ernüchterung der Moderne und aus ihr folgte ein Totalitarismus von bis dahin nicht gekanntem Ausmaß. Auch das Menschenbild der Vorkriegsepoche, welches durch einen starken Individualismus geprägt war, zerbrach unter den politischen Ansprüchen der neuen Zeit. Der Erste Weltkrieg hatte mit seinen menschenvernichtenden Schlachten deutlich gemacht, dass der einzelne nur noch Verfügungsobjekt staatlicher und militärischer Ansprüche zu sein hat. Vor allem an der Westfront war der Erste Weltkrieg ein Abnutzungskrieg, der Menschen in die Schlachten warf, bis sie im wahrsten Sinn des Wortes nicht mehr zu gebrauchen waren, wertlos und abgenützt. In den strategischen Plänen des Stellungskrieges spielte die Zahl der Opfer keine Rolle. Die inhumanen Ideen des ausgehenden 19. Jahrhunderts trugen eine reiche Ernte an Menschenopfern, deren Zahl von 20 Millionen Toten am Ende des Zweiten Weltkrieges 27 Jahre später noch um 30 Millionen übertroffen werden sollte. Autoren wie Ernst Jünger sahen in ihnen nicht so sehr die Verrohung, sondern die notwendigen Stahlgewitter, die den neuen Menschen härten sollten. Mit ihnen war nicht das Ende der Zivilisation gekommen, vielmehr sollte die „Hammerschmiede" (Ernst Jünger) der Kriegserfahrungen von 1918 den Auftakt zu einem neuen Typus des „Staatsbürgers" und zu einer neuen Form der menschlichen Gesellschaft führen. Ihr Verständnis der Zivilisation begründete sich nicht im demokratischen Diskurs und in der Anerkennung und Toleranz einer liberalen Gesellschaft, sondern war das Ergebnis eines revolutionären Neubeginns. Eine neue Generation, deren Gefühlsleben durch die Weltkriegsereignisse beeinflußt war, sollte der künftigen Gesellschaft den harten und unerbittlichen Krieger liefern, welcher dem Staat uneingeschränkt zur Verfügung steht. Der Staatsbürger der Zukunft sollte nicht mehr der selbstbewußte Citoyen und aufgeklärte Weltbürger sein, sondern der durch den Kampf erprobte Revolutionär, welcher Politik nur noch als bedingungslosen Auslesekampf unter dem Diktat menschenverachtender Ideologien und militärischer Strategien begriff. Im Schützengraben der flandrischen Westfront hat der junge Gefreite Hitler seine grundlegenden Erfahrungen über die Verfügbarkeit von sogenanntem „Menschenmaterial" sammeln können, die zu seinem späteren Zynismus und zu seiner Verachtung des Humanen wesentlich beigetragen haben. Unendliche Zahlenkolonnen von Opfern seines Krieges und des Holocaust erreichten ihn nicht mehr. Auf den Vorwand eines Generals, dass im Rußlandfeldzug tausende junger Offiziere ihr Leben lassen mußten, entgegnete er lapidar, dass sie doch dazu da seien.[36]

Hitler war die letzte „Enthemmung der Moderne"; [37] seither ist gewiß geworden, wie bodenlos die Wirklichkeit ist und wie tief die Abgründe sein können, in die sich der Mensch begeben kann, wenn er omnipotenten Wahnsystemen folgt. Hitlers totalitäre Herrschaft ging, wie jeder Totalitarismus von einem neuen Menschenbild aus und zwar von einem Bild, das den ganzen Menschen erfaßt, seine Gefühle, seine ideologische, soziale und wirtschaftliche „Verwertbarkeit" für das Regime. In zahlreichen Verlautbarungen hat er diesen Typus beschworen, auf den sich seine Macht und sein Mythos stützen sollten. Der finstere Wahn des 19. Jahrhunderts wurde durch die Politisierung seiner persönlichen Obsessionen blutige Wirklichkeit. Die Ausweitung der nationalsozialistischen Herrschaft, die nicht nur die Durchdringung aller Lebensbereiche zum Ziel hatte, sondern auch territorial gemeint war, sah er in engem ideologischem Zusammenhang mit der Schöpfung dieses neuen Menschentypus. In einem Gespräch mit Rauschning, dem Danziger Senatspräsident, versicherte er: „ Die Auslese der neuen Führerschicht ist mein Kampf um die Macht. Wer sich zu mir bekennt, ist berufen, eben durch dieses Bekenntnis und die Art, wie er sich bekennt. Das ist die große umwälzende Bedeutung unseres langen, zähen Kampfes um die Macht, dass in ihm eine neue Herrenschicht geboren wird, berufen, nicht bloß die Geschicke des deutschen Volkes, sondern die Welt zu lenken".[38] Dieser neue Herrenmensch gedacht als universaler politischer Entwurf eines neuen Menschenbildes zur Weltherrschaft sollte am Ende eines langen pädagogischen und biologischen Ausleseprozesses als dessen Ergebnis stehen. Abgesehen davon, dass die Idee hierzu nur ein Rückgriff auf sozialdarwinistischen Visionen darstellte, die bereits im 19.Jahrhundert zum steten Zerfallsprozeß humaner Weltanschauungen beigetragen hatten, war es auch der grausame Gegenentwurf zu einer tradierten Vorstellung, die gerade im deutschen Idealismus ihren Niederschlag fand. und welche den Menschen als altruistisches und soziales und kulturschaffendes Wesen behauptete. Hitler verstand den Nationalsozialismus nicht nur als politische Bewegung, sondern darüberhinaus „anthropologisch" als eine Lehre, mit dem Willen zu einer neuen Menschenschöpfung, wie er in einer Geheimrede 1938 vor Offizieren ausführte. Seine Machtphilosophie war durchdrungen, von dem Gedanken, die Welt nur noch in Tiere und Götter einzuteilen. Auf dieser Zweiteilung basierten die Herrschafts- und Rasseansprüche des Nationalsozialismus und in ihnen kam weitaus mehr zum Ausdruck, als dasjenige, was seine machttaktischen und mythologischen Maskeraden verbargen. Allerdings blieben im Malstrom derartiger Umformungsprozesse nur gesichtslose Kollektivwesen von technokratischem und kalt distanziertem Vernichtungsfuror übrig, ohne inneren Halt, ohne Empathie und ohne Moral. So wie den Menschen, die der Vernichtung durch die Herrenmenschen zugeführt wurden, zuvor ihre Identität beraubt wurden, verschwand auch die persönliche Identität des Herrenmenschentypus in der Gleichförmigkeit eines Kollektivwesens.

Im nationalsozialistischen Politikalltag nahmen sich die phantastischen Entwürfe und die angestrebte Dominanz des rassisch reinen Menschentypus über alle ethnischen Mischformen demgegenüber widersprüchlich genug aus. Man hätte unter den führenden Nazis lange suchen müssen, um nur annähernd auf den idealtypischen Herrenmenschen zu stoßen, der den Rassevorstellungen Hitlers entsprach .Eher erinnerten sie den unbefangenen Betrachter, wie im Falle Görings, an dekadente Bohemiens, denen alles andere wichtiger erschien, als sich mit der kalten Aura des Herrenmenschentypus zu umgeben. Oder wie im Fall Heß, der den Typus eines, ins Esoterische abgesunkenen Spätromantiker verkörperte, der von seinem inneren und äußeren Erscheinungsbild alles andere war, als ein aufgenorderter Gemanenheros. Oder, wie in anderen Fällen an die Bewohner eines bäuerlich alpenländlichen Herkunftsmilieus, an denen der immerwährende Kampf gegen die Unbilden einer kargen Naturlandschaft nicht spurenlos vorbei gegangen war. Dies galt insbesondere für Nazi-Größen wie Heß, Goebbels, Ley, Bormann und vor allem in Bezug auf Hitler selbst und auf das unübersehbare Gewimmel der Gefolgsleute aus der zweiten Reihe des Regimes. Joachim Fest hat sie verhunzte Kleinbürger genannt, [39] die alles andere waren, als herrisch dreinblickende Idealtypen, die das System so dringend zu seiner Machtausweitung beschwor. Erst mit Himmlers Machtzuwachs trat der ersehnte Herrenmensch in Gestalt der SS phasenweise in Erscheinung, der durch Zucht, Auslese und Schulung als nordisch geprägter Idealmensch entstehen sollte. Innerhalb der Garde der sogenannten Alten Kämpfer der ersten Stunde, die den Kern der späteren Nomenklatur in Hitlers Umgebung bildeten, war die Seltenheit der rassetypisch geforderten „Artgestalt" unübersehbar. Der Grund hierfür lag nicht nur darin, dass diese visionären Prospekte arischer Arterhaltung vordergründig nur Propaganda waren und des Machterhaltes dienten, sondern vielmehr in der Entstehungsgeschichte der Bewegung. So wie Hitler selbst, rekrutierte sich der harte Kern der frühen Anhängerschaft als militante Minderheit der Millionen von Entwurzelten, Enttäuschten und Hoffnungslosen aus allen Klassen und

Schichten, die der Erste Weltkrieg aus der Bahn geworfen hatte. Rundweg waren es unstete und unausgeglichene Naturen mit einem durch den Krieg und der Nachkriegszeit pervertiertem Wertebewußtsein, was durch die Erfahrungen des Weltkrieges „verdorben" wurde, wie sie selber von sich behaupteten. In ihnen verband sich das „nationale Elend" und die kollektive Neurose der Inferiorität mit ihren eigenen neurotischen Zuständen und Minderwertigkomplexen. Ihre ursprüngliche psychische Labilität wurde durch die sozialen und politischen Eindrücke verstärkt. Hitlers Person und Biographie spiegelte diese kollektive Erscheinung der Minderwertigkeit und des Hasses auf alles Bürgerliche und Normale, und an allererster Stelle auf die Juden, in phänotypischer Weise wider. Dennoch, trotz aller Widersprüchlichkeiten, die das Regime durch sich selbst produzierte, waren nur allzu viele bereit, sich auf das Abenteuer des Totalitarismus einzulassen, dessen nationalsozialistische Führer „nur besonders ausgeprägte Erscheinungen eines Typus" darstellten, „der in der gesamten Gesellschaft anzutreffen war".[40] Das Gesicht des Dritten Reiches wurde in diesem Sinne durch die Gesichter von Millionen Mitläufern, überzeugten Anhängern und Tätern geprägt.[41] Nach dem Zusammenbruch des Regimes hat man lange über sein Wesen gerätselt und es als die „Krisis des Faustischen" verstanden und den Nationalsozialismus als ein Phänomen „übermenschlichen Aufbegehrens" gedeutet,[42] da sich weitaus profanere Erklärungsmuster nicht finden ließen. Hierin liegt eines der Mißverständnisse begründet, die ihn bis auf den heutigen Tag unerklärlich erscheinen lassen. Nicht Faust war die Figur der epochalen Krise, sondern dessen schlichter Famulus und subalterne Bürokrat Wagner.

In seinem Machtrausch konnte Hitler auf eine Mentalität zurückgreifen, die mitunter in ihren Auswüchsen im Verlaufe der Geschichte bereit war, Kultur, Bildung und Schöngeist mit nackter Brutalität zu verknüpfen. Das „Volk der Dichter und Denker" war zugleich eine Nation der Stahlnaturen und jederzeit in der Lage, wenn erforderlich, Ideen mit Gewalt durchzusetzen. Ein Grund mag darin liegen, dass Weltentwürfe und politische Ideen stets mit einer gewissen ideologischen, human gemeinten Verbissenheit vertreten wurden, statt sich mit einem „angelsächsischen", gelassenen Pragmatismus zu begnügen. Hölderlin im Tornister mißbrauchend und falsch verstanden war die bildungsmäßige Vision des Soldaten im Ersten Weltkrieg. Ernst Jünger hat in seinem Sinne die Einheit von Bildung, Ästhetik und Vernichtung in seinem Roman *In Stahlgewittern* als Metamorphose des gebildeten Bürgers zum Krieger und zur Stahlnatur beschrieben. Jenseits aller ästhetischen Gleichungen gab es für Hitler nur den bedingungslosen Kampf und die ewig gleichmäßige Anwendung von Gewalt, die allein zum Erfolg führt. Edelste Bildung und Barbarei schlossen sich nicht aus. Nicht von ungefähr war die nationalsozialistische Bewegung, neben den dumpfen und grob daherschlagenden Chargen der untersten Ebenen der Partei- und SA- Ebenen, eine Angelegenheit der Bildungselite. Daher sind auch heutzutage Inhumanität und Vernichtungsobsessionen nicht so leicht zu erkennen, wenn sie bildungsmäßig und kulturell verhüllt daher kommen und einer rationalen Vernunft folgen. Der Kulturanthropologe Hermann Glaser hat auf den inneren Zusammenhang zwischen vorgetäuschter unechter Bildsamkeit, die in den epigonalen Redeschwülsten der Festreden zu nationalen Gedenktagen im 19.Jahrhundert zum Ausdruck gelangten und einer mentalen Anfälligkeit, diese in Gewalt umzusetzen, hingewiesen. [43] Dieser neue Mensch, wie ihn Hitler benötigte, war ebenso in den literarischen Produkten eines Ernst Jünger vorgedacht, wenn er schrieb: „Es war eine ganz neue Rasse, verkörperte Energie mit höchster Wucht geladen. Geschmeidig hagere, sehnige Körper, markante ‚Gesichter, Augen in tausend Schrecken unterm Helm versteinert. Sie waren Überwinder, Stahlnaturen, eingestellt auf den Kampf in seiner gräßlichsten Form",[44] wie solches dem „Tugendkatalog" der SS Himmlers entsprach.

Ausblicke und Gegenwart

Es erscheint heutzutage dringender denn je, sich an den Nationalsozialismus und an dasjenige, was dazu geführt hat, zu erinnern um derartiges für die Zukunft zu vermeiden. Die Versuche, die Vergangenheit zu entsorgen ohne einer bedrückenden Erinnerung gegenwärtig zu sein, sind hingegen vielfältig. Erinnerung als gelungener Entwurf für die Zukunft, bedarf nicht unbedingt gelehrter Monographien und erst recht nicht, ins Pathetische getriebene Darstellungen, wie in Eichingers Film *Der Untergang*. Noch weniger taugt deren Verschleierung, wenn sie als Komik auftritt und Hitler als albernen Tolpatsch zu einer lächerlichen Figur in verzerrender Weise banalisiert, wie in dem Film *Mein Führer*. Vielmehr wäre darüber nachzudenken, ob eine Parodie, nicht einer unangemessenen Verharmlosung seiner Person gleichkommt, die das, was er der Menschheit angetan hat, ins Lächerliche ausblendet und hinter der die historische Dimension der Interdependenz von Person und Kollektiv ins Unverbindliche abgleitet. Zerstörungsfuror und millionenfacher Völkermord eigenen sich nicht für Komödien So wie es kein richtiges Bewußtsein im falschen Sein geben kann, verbietet sich die Komödie in den Räumen grenzenlosen Elends und des Todes. Überdies wäre zugleich eine pädagogische Chance vertan, gerade der jüngeren Generation aus den Schrecken der Vergangenheit, Perspektiven für die Zukunftsgestaltung von Individuum und Gesellschaft zu eröffnen. Aus

Satiren und Parodien fällt es schwer einen historischen Gewinn zu ziehen, da die Tiefendimension der Geschehnisse hierüber nicht zu erfassen ist. Man kann sie nur bestaunen und ihnen applaudieren und vielleicht noch darüber lachen, was in diesem Fall schlimm genug wäre. Erinnerung erfüllt nur dann ihren Sinn, wenn sie ein kritisches Bewußtsein gegenüber dem Gegenwärtigen weckt und auf die Zukunft gerichtet ist.

Nicht die martialischen Auftritte der Gruppierungen, die sich mit seinen abstoßenden Symbolen ausstatten, die oftmals nichts anderes sind, als Reflexe auf den Zustand der Gesellschaft in der sie zutage treten, erinnern uns an die ständige Gegenwart des Gewesenen, sondern dessen paradoxe Modernität, dass die Humanitas zugrunde gegangen ist und für die Zukunft beträchtlichen Schaden genommen hat, deutet daraufhin, dass Hitler noch immer unser aller Zeitgenosse ist. Jenseits aller psychologischen Deutungsversuche erweist sich die Tatsache um so bestürzender, wie es einer einzelnen Person gelingen konnte, seine privaten Obsessionen zum Maßstab politischen Handelns zu machen und eine ganze Zivilgesellschaft darauf zu verpflichten. Hierin offenbart sich die größte Schwäche und politische Unmündigkeit des deutschen Kollektivcharakters, sein virulenter „Siegfriedkomplex", der darin besteht, politische und gesellschaftliche Bedürfnisse mit der Hoffnung an eine „Erlösergestalt" zu verknüpfen. Wenn wir in diesem Punkt nicht endlich erwachsen werden, oder mit anderen Worten, wenn wir nicht die Untertanenmentalitäten abstreifen und unsere Zukunft und unser Gemeinwesen in die Hände erkorener Erlösergestalten legen, die wir mit Starkult belegen oder sie blind und folgsam den Politikern überlassen, wird sich die demokratische Zivilgesellschaft stets als gefährdet erweisen. Eine demokratische Zivilgesellschaft lebt in erster Linie von der Mündigkeit und dem kritischen Bewußtsein ihrer Bürger, die mehr als Staatsbürger, Wähler oder Mitglieder in politischen Parteien sind, sondern sich als selbstbewußte Citoyen definieren, welche sich an den politischen Entscheidungsprozessen beteiligen, statt ihnen nur zuzusehen. Wir müssen lernen, Mut zu unserer eigenen Identität zu finden, statt sie auf Kultfiguren und Kultobjekte zu projizieren. Ohne dass wir es merken, sind wir Opfer einer Mediengesellschaft geworden, die Mündigkeit und Selbstverantwortung unter Quotengesichtspunkten und Spaßfaktoren, für einen großen Teil ihres Publikums obsolet werden läßt Auch die Mitgliedschaft in den demokratischen Parteien ist noch keine Gewähr für die politische Reife und das politische Selbstbewußtsein, solange auch hier ein Entscheidungsrecht über wesentliche Sach- und Personalfragen den Mitgliedern versagt bleibt. Am Beispiel Hitlers hat sich in den zwanziger Jahren gezeigt, wie sehr eine einzelne Person dazu in der Lage ist, eine zwar sonderliche aber ursprünglich demokratische Partei [45] in den Bann diktatorischer Strukturen zu bringen und in Folge die demokratische Gesellschaft in eine Diktatur zu verwandeln und zwar mit ihren eigenen Mitteln. Gegen den Einwand, in der heutigen Zeit würden die Tendenzen in eine völlig andere Richtung gehen und die demokratischen Parteien seien der Garant dafür, dass eine Gesellschaft gefestigt sei, wäre darauf zu verweisen, dass zu den Lehren die Hitler hinterlassen hat, die ernüchternde Erkenntnis gehört, wie unschwer die Schubkräfte, die eine Epoche zu beherrschen scheinen in ihr Gegenteil verkehrt werden können. In dieser Hinsicht war nicht nur die Weimarer Republik eine gefährdete Demokratie, die letztlich an ihren eigenen Strukturen und Machtbalancen zerbrochen ist. Die Gefahren, die einer demokratischen Gesellschaft drohen, liegen stets in ihr selber und werden durch sie hervorgebracht.[46] Dagegen hilft nur kritisches Bewußtsein und Aufklärung über die Folgen unmündigen Verhaltens. Eine Reflexion über Hitlers Psyche und über seine Wirkung auf die Massen erweist sich insoweit für die Zukunft nur dann als fruchtbar, wenn sie vor dem Hintergrund kollektiver Strömungen geschieht, nicht nur derjenigen, die auf Vergangenes hinweisen, sondern vor allem diejenigen, die gegenwärtig die Zukunft bedrohen. Jede Form der Auseinandersetzung mit der Person Hitlers, sei es in historischer Absicht oder aus dem Blickwinkel psychologischer Deutungsversuche wirft die Frage auf, ob die ausschließliche Beschäftigung mit ihm, die kollektiven Voraussetzungen und die Wirkungskraft seiner Obsessionen auf sein soziales und politisches Umfeld übersehen läßt. Jedoch hat das Denken in Strukturen und deren funktionalen Interdependenzen den Blick auf die Rolle des einzelnen verstellt oder ihre Bedeutung für die Geschichte gering veranschlagt. Den vorübergehenden Triumph des Nationalsozialismus in seiner gesamten Ausgestaltung wird man ohne die Person Hitlers nicht erfassen können. Ohne Hitler hätte es den Nationalsozialismus, wenn überhaupt, in dieser Form nicht gegeben, und ohne das Wahnsystems Hitlers und seiner hemmungslosen Destruktivität keinen Holocaust.

So sind denn alle Analysen, historischen Auseinandersetzungen und biographischen Bilder die über seine Person und sein Wirken entworfen werden, so unzulänglich und bruchstückhaft sie auch sein mögen, berechtigte Versuche der Vernunft, seinem Schatten zu entkommen, der sich auch heute noch über das mentale gesellschaftliche Klima legt und notwendige Diskussionen über die Bedeutung von Sekundartugenden beharrlich verhindert. Eine bisweilen hysterisch anmutende Furcht, in die Nähe eines nationalsozialistisch kontaminierten Bewußtseins gerückt zu werden, verhindert die Diskussionen über sinnvolle konservative Werte, die erst ein gesellschaftliche Miteinander erträglich machen und zum Fortbestand einer sozialen Kultur unverzichtbar sind. Zu Recht hat der Autor des freilich umstrittenen Buches *Lob der*

Disziplin, Bueb, sich darüber beklagt, dass der Schatten Hitlers bis in den Erziehungsalltag hineinreicht und verbindlich geltende Regeln von Bescheidenheit, Demut, Verantwortung für den anderen und Leistungsbewußtsein obsolet werden lassen oder sie einem unkritischen Ideologieverdacht auszusetzen. Das selbstbewußte Gleichgewicht aufgeklärter Bürger, eine kritische Haltung zu Autoritäten einzunehmen und die restlose Anbetung von Erlösergestalten, wie sie in Politik, Sport und Gesellschaft, durch eine hysterisierte Medienlandschaft in Szene gesetzt die Gegenwart bevölkern und das kritische Bewußtsein außer Kraft setzen, ist durch die Korrumpierung des Ich-Ideals und dem totalen Bruch der Zivilisation durch Hitler und die Nationalsozialisten bis auf den heutigen Tag gestört. Alle tradierten Werte, wie Treue, Glauben, Verantwortung, Gemeinschaftsgefühl und zahlreiche ähnlichen Sekundartugenden, wurden durch Hitlers Obsessionen in ihr Gegenteil verkehrt und in Anpassung an eine verbrecherische Politik restlos in Frage gestellt, so dass ihnen gegenwärtig nicht mehr ohne Vorbehalte zu trauen ist. Dadurch wurde der tradierte und natürliche Wertekanon einer zivilisierten Gesellschaft seiner grundsätzlichen Verbindlichkeit für das Zusammenleben der Menschen beraubt. Die ausgewogene Einstellung aufgeklärter und selbstbewußter Staatsbürger zwischen dem Schein und der Wirklichkeit staatlicher Autorität zu unterscheiden und eine kritische Haltung einzunehmen, ist nur schwerlich vorzufinden. Seit dem Dritten Reich ist unser gesamtes Verhältnis zu Staat und Politik in ihrem wesentlichen Bestand gestört, was sich unter anderem auch dadurch bemerkbar macht, entweder politischen Parolen hinterherzulaufen oder sich ganz von dem politischen Geschehen abzuwenden und es nur noch Berufspolitikern zu überlassen. Die resignative Feststellung vieler Bürger in unserem Land, dass man sowieso nichts ändern könnte, ist der unmündige Reflex, welcher aus einer historischen Erfahrung der Ohnmacht gegenüber staatlichen und politischen Entscheidungsprozessen resultiert.

In Wahrheit haben Hitler und der Nationalsozialismus die Selbsttäuschung aufgedeckt, die seit den Errungenschaften des abendländischen Kulturprozesses und insbesondere der Aufklärung dem herrschenden Bild über den Menschen zugrunde lag. Neben diesen Zerstörungen immaterieller Phänomene hat er die Weltkarte in einem Ausmaß verändert, deren Folgen bis in die Gegenwart auf der weltpolitischen Bühne spürbar sind.

Indes besaß Hitler kein Geheimnis, auch kein visionäres, was über seine Zeit hinausgereicht hätte. Die Menschen, die ihm bei seinem Amoklauf durch die Geschichte vorbehaltlos folgten, sind einer Kraft aufgesessen, die in der Retroperspektive als eine Kompensation ihrer historischen Unmündigkeit erscheint. Wenn gleich Joachim Fest zu der Überzeugung gelangt, dass die Wirkungen dieser Kraft und der Schrecken, den sie verbreitete, jenseits davon, ohne Erinnerung sind, [47] so muß dem widersprochen werden. Jener Schrecken, hat neben seinen eigentlichen direkten Auswirkungen, seinen Millionen von Leichen und seelisch zerstörten Menschen, ein unvergleichlich belastendes geschichtliches Erbe hinterlassen, was die Gewißheiten zivilisatorischer Zuversicht betrifft. Neben allen berechtigten subjektiven Hoffnungen, die eine Überlebenskraft der Individuen bedeuten, ist „nach Hitler" auf nichts mehr in der Welt Verlaß. Durch den einzigartigen Kulturbruch und die Zerstörung sämtlicher zivilisatorischer Grundlagen der menschlichen Gemeinschaft wurden die Verläßlichkeit demokratischer Diskurse und Willensbildungen und die Regeln kritischer Vernunft ad absurdum geführt. Selbst die Rationalisierungsprozesse moderner staatlicher und gesellschaftlicher Institutionen, die den Fortbestand einer zivilisierten Gesellschaft zu sichern hätten, wurden in ihr Gegenteil verkehrt und über die Hintertür einer mörderischen Irrationalität, die praktische Vernunft von jeglichen moralischen Bedenken freigehalten. Hitler hat die Institutionen dazu gebracht, wozu sie außerdem imstande sind. Entsprechend der Forderung Arnold Gehlens,[48] den einzelnen von moralischen Reflexionen zu entlasten, haben sie das Verbrechen in einen Arbeitsgang verwandelt, der mit Routine und Zweckmäßigkeit erledigt werden kann.

Sein verbrecherisches Wirken hat das Vertrauen in die Zivilisation so sehr erschüttert, dass der Boden, auf dem die Menschheit sicher zu stehen glaubte, sich auch in Zukunft immer wieder fragil und anfällig für chileastischen Versprechungen und ihren Wirkungsweisen zeigen wird. Durch Hitler ist der ganze zivilisatorische Optimismus, der dem Menschen einen natürlichen Hang zum Guten unterstellte, gebrochen und das hochpathetische Bild zerstört, das der Mensch über den Menschen, trotz aller historischen Rückschläge, aufrecht erhielt. In seinem Essay *Zeitgenosse Hitler* hat Joachim Fest resümierend festgestellt, dass ohne Kenntnis seines Aufstieges und die Umstände, die dazu beigetragen haben, die Welt von heute nicht mehr zu verstehen ist. [49]

In historisch einmaliger Weise hat Hitler der Welt und gegenüber der Geschichte demonstriert, wie eine demokratische Gesellschaftsordnung durch ihre eigenen Voraussetzungen zu Fall gebracht werden kann. Sein Machtzuwachs resultierte nicht aus einer individuellen Stärke sachlicher Überlegungen, die ihm eine dauerhafte Autorität verliehen hätte. Nur machttechnische Gewißheit, Verschlagenheit und methodisches Überwältigungswissen gaben ihm die Gelegenheit, seine privaten Visionen in einer unruhigen Epoche als Hoffnung und

Heilsbotschaft für die existentiellen Bedürfnisse von Millionen von Anhängern umzudeuten. Jenseits aller moralischen Bewertungen waren sie nichts anderes als der vorübergehend erfolgreiche Versuch, irrationale Prospekte von Erlösungsprophetien aus dem Dunstkreis seiner provinzialischen Münchener Bierstubenherkunft auf die Weltbühne zu transportieren.

Und dies ist die ernüchternde Botschaft, die über seine Zeit und ihren Visionen hinausreicht.

Anmerkungen

1 Zitiert in: Ian Kershaw: Hitler 1889-1936, Stuttgart 1998, S.195

2 Zitiert in: Joachim Fest: Das Gesicht des Dritten Reiches, München 1996, S.403

3 Joachim Fest: ebenda: S.398

4 Nachweislich hat es nur einen offiziellen Befehl Hitlers in schriftlicher Form gegeben und zwar den sogenannten Kommissarbefehl zu Beginn des Unternehmens „Barbarossa", dem Angriff auf die Sowjetunion am 22. Juni 1941, in dem die sofortige Erschießung aller in Gefangenschaft geratenen Politoffiziere der Roten Armee angeordnet wurde. Hierzu ausführlich: Helmut Krausnick: Hitlers Einsatzgruppen. Die Truppe des Weltanschauungskrieges 1938- 1942, Frankfurt/Main 1993. Ebenso: Joachim Fest: Hitler, Berlin 1996

5 Arno Gruen: Der Verrat am Selbst, München 1994

6 Erik H.Erikson: Die Legende von Hitlers Kindheit, in: Kindheit und Gesellschaft, Stuttgart 1999, S.323

7 Marlies Steinert: Hitler, München 1994, S.40

8 Zitiert in: Joachim Fest, ebenda: S. 26

9 Der Antisemit haßt den Juden, weil er sich von ihm verfolgt glaubt und dieser an seinem Unglück, worin dies auch immer besteht, schuld sei. Jedoch ist von einer individualpsychologischen Ebene aus, das Problem des Antisemitismus alleine nicht zu erklären, da es immer auch spezifischer kollektiver Voraussetzungen bedarf, die es dem Einzelnen möglich machen, seine unterdrückten Haß- und Neidkomplexe auf den Juden zu verschieben. Hierzu ausführlicher: Douglass W. Orr: Antisemitismus und Psychopathologie des Alltagslebens, in: Antisemitismus, Hrsg. von Ernst Simmel, Frankfurt/Main 2001, S. 108 - 118. Ebenso: Manfred J. Foerster: Zur Psychopathologie des Rassismus und Antisemitismus, S.71-118, in: Manfred J.Foerster/Hans-Georg Glaser: Der Weg nach Auschwitz war vorgezeichnet- Traditionslinien des Antisemitismus Aachen 2009

10 Ebenda S.28

11 Zitiert in: Manfred J.Foerster: Lasten der Vergangenheit, London 2006, S.122

12 Sebastian Haffner: Anmerkungen zu Hitler, Frankfurt/M. 1996

13 Henry Picker: Hitlers Tischgespräche im Führerhauptquartier, Berlin 1997

14 Manfred Koch-Hillebrecht: Homo Hitler. Psychogramm eines deutschen Diktators München 1999, S.93 ff

15 Zitiert in: ebenda, S.122. Koch –Hillebrecht führt Hitlers „Drohstarren" auf seine eidetische Veranlagung zurück, zu der auch das überstarke Schwitzen und die lebhaft leuchtenden basedowartigen Augen zählen. Der genaue medizinische Zusammenhang bleibt bei Koch-Hillebrecht unklar und auch nicht schlüssig. Tatsache ist jedoch, dass Hitler die Angewohnheit hatte, Menschen genau zu fixieren, oftmals minutenlang, bis der andere seinen Blick senkte, was einer archaischen Unterwürfigkeitshaltung entspricht, welche die Dominanz Hitlers unterstreicht. Von Albert Speer ist eine Begebenheit überliefert, welche die eidetische Veranlagung in Zusammenhang mit der Angewohnheit des Drohstarrens oder fixierten Blickes in Verbindung bringt. Wie sehr Hitler hierdurch erste Eindrücke von unbekannten Personen speicherte, zeigt die Begegnung Albert Speers mit ihm im Jahre 1931, die auf die weitere Zusammenarbeit beider erheblichen Einfluß hatte. „Es war im Frühjahr 1931, im Zusammenhang mit den sogenannten Stennesputsch, eine Revolte der Berliner SA.". Nachdem Stennes abgesetzt worden war, ordnete Hitler einen Appell aller Mitglieder der SA im Berliner Sportpalast an, wobei er überraschenderweise keine Rede hielt, sondern ein eindrucksvolles Ritual inszenierte. Er trat „in die Reihen der Uniformierten, es wurde atemlos still. Dann begann er, die Kolonnen abzuschreiten. Im riesigen Rund waren nur die Schritte zu hören. Es dauerte Stunden. Endlich kam er in meine Reihe. Seine Augen waren starr auf die Angetretenen gerichtet, er schien jeden durch seinen Blick verpflichten zu wollen. Als er zu mir kam, hatte ich den Eindruck, dass mich ein paar weitgeöffnete Augen für eine unermeßliche Zeit in Besitz nahmen. Später erzählte ich ihm von dieser ersten, für ihn unbewußten Begegnung. Aber er entgegnete: „Ich weiß. Ich kann mich genau an Sie erinnern!". Gitta Sereny: Albert Speer Das Ringen mit der Wahrheit und das deutsche Trauma, München 1997, zitiert in: Koch-Hillebrecht, S.122 Dieses bizarre Ritual wurde von Hitler des öfteren verwendet, etwa vor der entscheidenden Abstimmung im Reichstag, als eine Palastrevolution Strassers verhindert wurde. Ebenda: S.122

16 Zitiert in: ebenda, S.193

17 Alle in Anführungszeichen gesetzte Texte gehen auf Hitler zurück und sind zitiert in: Fest: Das Gesicht des Dritten Reiches, S.27

18 Hierzu: Brigitte Hamann: Hitlers Wien Lehrjahre eines Diktators, München 1996, S.517 f. Noch als 21 jähriger berichtete Hitler im Männerheim über diese „unglückliche Liebe". Da

das Mädchen die Tochter eines hohen Regierungsbeamten gewesen sei und er nur der Sohn eines kleinen Beamten, habe er nicht versucht, sie anzusprechen. Dass Hitler diese alte, eingebildete „Liebe", die aus seiner Pubertätszeit herrührte immer noch für erzählenswert hielt, deutet darauf hin, dass er auf diesem Gebiet in den dazwischen liegenden Jahren keine Entwicklung genommen hatte. Hierzu: ebenda: S.516. Andererseits besaß er sehr hehre Ideale über die Beziehung zwischen Mann und Frau, die sich in einer platonischen Beziehung ausdrücken sollte. Ebenda: S.517. Bemerkenswert in diesem Zusammenhang ist, dass Hitler auf seinem Weg als Politiker immer wieder durch ältere und betuchte Frauen der Oberschicht gefördert wurde, so zum Beispiel durch Frau Bechstein, der Ehefrau des bekannten Klavierherstellers, ebenso Winifred Wagner, die eine ungebrochene Verehrerin Hitlers bis zu ihrem Tode blieb. Wiederholt ist auf seine enge Mutterbeziehung hingewiesen worden, so dass sich der Eindruck aufdrängt, dass seine Beziehung zu denjenigen Frauen welche ihn protegierten lebenslang die eines Sohnes zu seiner Mutter geblieben ist. Darüberhinaus verachtete Hitler die Frauen und maß ihnen in politischer und gesellschaftlicher Hinsicht keine Bedeutung bei. In seinem System des Nationalsozialismus und innerhalb des Machtapparates war für Frauen im allgemeinen kein Platz. Dass einzige, was er der Frau zubilligte, war die Rolle einer Gebärerin „artreinen" Nachwuchses.

19 Hierzu: Marlies Steinert: Hitler , München 1994, S.137

20 Hierzu: Helm Stierlin: Hitler Familienperspektiven, Frankfurt/Main 1995

21 Zitiert in: Manfred Koch-Hillebrecht: Ebenda, S.323

22 Joachim Fest: Hitler, Berlin 1996,

23 Ebenda

24 Henry Picker: ebenda S.135

25 Zitiert in: Alain Finkielkraut: Verlust der Menschlichkeit. Versuch über das 20. Jahrhundert, Stuttgart 1999, S.83

26 Zitiert in: Joachim Fest: Das Gesicht des Dritten Reiches , München 1996, S. 74

27 Hierzu: Erich Fromm: Anatomie der menschlichen Destruktivität, Hamburg 1997, S.415ff.

28 Zitiert in: Joachim Fest: Das Gesicht des Dritten Reiches, München 1996, S.63

29 Fromm, ebenda: S.412 ff.

30 Brigitte Hamann: ebenda, S.84

31 Alice Miller: Am Anfang war Erziehung, Frankfurt/M. 1983, S.169ff.

32 Professor Alfred Roller schuf für die Mahlersche Inszenierung der *Zauberflöte* an der Wiener Staatsoper das berühmte Sternenbild mit der Königin der Nacht. Roller war wie Gustav Mahler Jude, und es könnte durchaus sein, dass der Grund für Hitlers Verhalten in seinem damals schon verborgenen Judenhaß lag.

33 Vor allem hierzu: Karl Dietrich Bracher: Die deutsche Diktatur. Entstehung, Struktur, Folgen des Nationalsozialismus, Berlin 1997

34 Hannah Arendt: Elemente und Ursprünge totaler Herrschaft, München 2005, S.422

35 Paul Valery: Die Krise des Geistes. Essay, Wiesbaden 1956, S.6

36 Hierzu: Joachim Fest: Das Gesicht des Dritten Reiches

37 Rüdiger Safranski: Das Böse oder Das Drama der Freiheit, Frankfurt/Main 1999, S.16

38 Hierzu: Joachim Fest: Das Gesicht des Dritten Reiches

39 Hermann Rauschning: Gespräche mit Hitler. Zürich, Wien, New York 1940, S.45

40 Joachim Fest: Das Gesicht des Dritten Reiches, S.404

41 Ebenda: S. 409

42 Ebenda: S.408

43 Hermann Glaser: Adolf Hitlers „Mein Kampf" als Spießerspiegel. Ein Beitrag zur politischen Anthropologie der Deutschen, in: Das Parlament, Nr.30 vom 24.Juli 1963, S 13 ff.

44 Ernst Jünger: In Stahlgewittern, Berlin 1920, Vorwort

45 Zur Frühgeschichte der NSDAP siehe: Karl Dietrich Bracher: Die deutsche Diktatur. Entstehung, Struktur, Folgen des Nationalsozialismus, Berlin 1997, S.138 ff.

46 Es muß nicht immer totalitäres Machtstreben sein, welches demokratische Strukturen aushöhlt. Auch die Inkompetenz und der Egoismus von sogenannten Eliten tragen mit dazu bei, nicht nur wichtige Zukunftsfragen zu verfehlen, sondern auch den Bürger zu entmündigen und die Grundlagen der Demokratie zu zerstören. Hierzu ausführlich: Albrecht Müller: Machtwahn Wie eine mittelmäßige Führungselite uns zugrunde richtet, München 2006 Eine der Lehren für die Zukunft, welche aus den Erfahrungen mit dem Dritten Reich resultieren,

bedeutet, allen zu mißtrauen, die mit unerbittlicher Hartnäckigkeit nach der Macht streben und selbst unter demokratischen Strukturen nicht bereit sind, davon abzulassen, wenn die Umstände es gebieten. Daher sollte „uns nicht so sehr die politische Ausrichtung eines Menschen interessieren, sondern wie ehrlich er mit sich selbst als menschliches Wesen umgeht." Arno Gruen: Der Wahnsinn der Normalität, München 1994, S.159

47 Joachim Fest: Hitler: Hitler, Frankfurt/M/ Berlin, 1996 S. 1042

48 Hierzu: Arnold Gehlen: Moral und Hypermoral, Frankfurt/Main 1973

49 Joachim Fest: Zeitgenosse Hitler, in: Fremdheit und Nähe, Berlin 1998

Literaturverzeichnis

Arendt, Hannah: Elemente und Ursprünge totaler Herrschaft, München 2002

Bracher, Karl Dietrich: Die deutsche Diktatur. Entstehung, Struktur, Folgen des Nationalsozialismus, Berlin 1997

Erikson, Erik, H.: Kindheit und Gesellschaft, Stuttgart 1999

Fest, Joachim: Hitler, Berlin 1996

Ders.: Das Gesicht des Dritten Reiches, München 1996

Fest, Joachim: Fremdheit und Nähe, Berlin 1998

Finkelkraut, Alain: Verlust der Menschlichkeit. Versuch über das 20.Jahrhundert, Stuttgart 1999

Foerster, Manfred, J.: Lasten der Vergangenheit. Betrachtungen deutscher Traditionslinien zum Nationalsozialismus, London 2006

Fromm, Erich: Anatomie der menschlichen Destruktivität, Hamburg 1997

Gehlen, Arnold: Moral und Hypermoral, Frankfurt/Main 1973

Glaser, Hermann: Adolfs Hitler „Mein Kampf" als Spießerspiegel. Ein Beitrag zur politischen Anthropologie der Deutschen, 1963

Gruen, Arno: Der Verrat am Selbst, München 1994

Ders.: Der Wahnsinn der Normalität, Realismus als Krankheit: eine grundlegende Theorie zur menschlichen Destruktivität, München 1994

Haffner, Sebastian: Anmerkungen zu Hitler, Frankfurt/M.1996

Hamann, Brigitte: Hitlers Wien. Lehrjahre eines Diktators, München 1996

Jünger,Ernst: In Stahlgewittern, Berlin 1920

Kershaw, Ian: Hitler 1889-1936, Stuttgart 1998

Koch-Hillebrecht, Manfred: Homo Hitler. Psychogramm eines deutschen Diktators, München 1999

Krausnick, Helmut: Hitlers Einsatzgruppen. Die ‚Truppe des Weltanschauungskrieges, Frankfurt/Main 1993

Miller, Alice: Am Anfang war Erziehung, Frankfurt/M.1983

Picker, Henry: Hitlers Tischgespräche im Führerhauptquartier, Berlin 1997

Pilgrim, Volker, Elis: Muttersöhne, Hamburg 1989

Rauschning, Hermannn: Gespräche mit Hitler, Zürich, Wien, New-York 1940

Safranski, Rüdiger: Das Böse oder das Drama der Freiheit, München 1999

Simmel, Ernst, Hrsg.: Antisemitismus, Frankfurt/Main 2001

Steinert, Marlies: Hitler, München 1994

Stierlin, Helm: Hitler Familienperspektiven, Frankfurt/Main 1995

Valery, Paul: Die Krise des Geistes. Essay, Wiesbaden 1956

Albert Speer oder die technizistische Unmoral - Psychogramm über einen „Unpolitischen"

„Die Aufgabe, die ich zu erfüllen habe, ist eine unpolitische. Ich habe mich solange in meiner Arbeit wohlgefühlt, als meine Person und auch meine Arbeit nur nach der fachlichen Leistung gewertet wurde..." (Albert Speer in einer Denkschrift an Hitler gegen Ende des Krieges)

Speers Entlastungsargumente und Ausflüchte zum Anlaß einer psychohistoriographischen Betrachtung über sein Leben und Wirken im Dritten Reich zu nehmen und ihn außerhalb der politischen Ereignisse zu beurteilen, hieße, wie gelegentlich gesagt wird, *Hamlet* ohne den Prinzen von Dänemark aufzuführen. Speers zwiespältige Rolle im Machtgefüge des Dritten Reiches wird nur allzu deutlich, wenn wir seinen Charakter und Werdegang vor dem Hintergrund der turbulenten Ereignisse betrachten, die der Epoche vor und zu Beginn der nationalsozialistischen Herrschaft ihr außerordentliches Gepräge gegeben haben. Technischer Fortschritt und moralische Kompetenzen, die auseinanderfielen je mehr das Erstere voranschritt, haben dieser Epoche ein Klima der Ungleichzeitigkeit des Gleichzeitigen beschert und die technische Rationalität als Wesensmerkmal totalitärer Herrschaftsformen in den Vordergrund gerückt. Gerade jene technische Attraktivität des modernen Zeitalters mit allen Erscheinungen einer Massengesellschaft, welches traditionelle Strukturen grundsätzlich veränderten, hat zur Verführbarkeit breiter bürgerlicher Besitz- und Bildungsschichten beigetragen. Wie wir noch feststellen werden, war Speers Rolle in diesem epochalen Klima moralischer Indolenz gar nicht so uneigentlich dem Wesen des Dritten Reiches angemessen. Speer repräsentierte einen Typus ohne den der Nationalsozialismus und jede andere Staatsform des Totalitarismus weit weniger erfolgreich gewesen wären. Im Rückzug auf eine fachliche Existenz waren Fachleute wie Speer frei von rechtlicher Schuld im eigentlichen Sinn da sie keine Gesetze erließen, keinerlei Willkürakte durchführten oder eigenhändig Menschen verhafteten oder umbrachten. Vielmehr zogen sie sich auf angeblich unpolitische Positionen zurück um sich eine „vorwurfsfreie Existenz" (Fest) zu sichern. Aber im Grunde genommen waren sie blinde, uneinsichtige Marionetten, willfährig und zugleich entschlossen lediglich ihre Pflicht zu tun, wenngleich sie auch der Selbsttäuschung erlegen sind hierbei unkorrumpiert gewesen zu sein. Indem sie sich vom Tagesgeschehen fernhielten war es ihnen möglich, ihre funktionale Machtposition ohne parteiinterne Hausmacht auszuüben oder in die durchgängige Bestechlichkeit korrupter Parteibonzen zu verfallen.

Der Nationalsozialismus war neben seinen inhumanen und archaischen Grundzügen eine vergleichsweise moderne Bewegung, die aus den regressiven Ideologieformationen des 19. Jahrhunderts und dem technisch-bürokratischen Fortschritt des 20. Jahrhunderts sein ideologisches und machttechnisches Potential schöpfte. Nicht so sehr seinen extrem vorgetragenen und umgesetzten Vernichtungsobsessionen verdankte er seine Attraktivität und stupende Sogwirkung auf die bürgerliche Schicht, sondern seiner eigentümlichen Mischung aus Regression und den technisch-rationalen Begleiterscheinungen der Moderne. Aus beiden widersprüchlichen historischen Phänomenen bezog er seine suggestive Anziehungskraft, mit der er sowohl die Massen an sich binden konnte als auch die technischen Eliten und Funktionsträger in Wirtschaft und Verwaltung. Sowohl Fanatikern sozialdarwinistischer Überwältigungstheorien, den Anhängern echatologischer Endzeitprophetien, fanatischen Nationalisten, hemmungslosen Romantikern und wildgewordenen Metaphysikern, wie sie sich um Heß und Rosenberg sowie in Himmlers Ahnenforschung scharten, Demokratiegegnern und sozial Abgeglittenen als auch der breiten Schicht technischer und bürokratischer Berufsgruppen des sogenannten Mittelstandes bot der Nationalsozialismus aus seinem Repertoire an üblem eklektizistischem Ideengebräu und seinem skrupellosem Zugriff auf moderne Wirtschafts- und Verwaltungsstrukturen psychische und soziale Projektionsflächen. Insofern war der Nationalsozialismus eine Massenbewegung, oder genauer gesagt eine politische Bewegung, deren Ideen recht unterschiedliche Interessengruppen anzogen und zudem eine suggestive Wirkung auf die Massen ausübten. Seine technisch-rationalen Programme, welche vorgaben den Wohlstand der gebrochenen Mittelschicht nicht nur wieder herzustellen, sondern ihn auch langfristig zu sichern und soziale und wirtschaftliche Perspektiven für den Einzelnen zu eröffnen, ebnete ihm den Durchbruch in das mittelständische Bürgertum und somit in die Mitte der Gesellschaft. Neben der vollkommenen Ausschöpfung der modernen technischen Mittel, welche seinerzeit zur Verfügung standen, nutzte der nationalsozialistische Staat zur Durchsetzung seiner archaischen Politik alle Möglichkeiten der modernen Verwaltungsbürokratie in denen zweckrationales Handeln, arbeitsteilige Kompetenzen und hierarchisch gegliederte Entscheidungsebenen wesentliche Merkmale administrativer Machtentfaltung darstellten. Weit mehr als die dumpfen Blut- und Bodenideologien der nationalsozialistischen Gralshüter vom Schlage eines Himmler, Heß, Streicher oder Rosenberg bestimmten daher die technisch rationalen Aspekte moderner Verwaltungs- und Wirtschaftsstrukturen das Erscheinungsbild des Dritten Reiches. Himmlers eschatologische Visionen vom Überlebenskampf der arischen Rasse und dessen chthonische Verquastungen von Mensch, Boden und Blut wurden durch den zweckrationalen Bürokratismus, der den kontinental durchgeführten Völkermord organisierte, überholt. Wenngleich auch der Historiker Martin Broszat behauptet, dass die enormen Anstrengungen der völkisch-rassischen Propaganda das Denken mit den Elementen nationalsozialistischer Rassentheorien imprägniert habe,[1] so haben sie doch nicht die psychologische Tiefenwirkung auf die Täter der bürgerlichen Mittelschicht ausgeübt die ausgereicht hätte, aus diesen Gründen das Mordhandwerk zu legitimieren. Jene ideologischen Bilder waren nur liturgische Versatzstücke, die den nüchternen Mechanismen von Vernichtung und Terror einen zusätzlichen Sinn verleihen sollten und in den Prospekten von Auserwähltheit und rassischer Vorsehung ihre absurden Begründungen herleiteten. Die von einer archaischen Ideologie getragenen Vernichtungsprogramme kamen in ihrem millionenfachen Umfang nur deswegen zustande, weil sie im wesentlichen durch diese rational durchorganisierten Handlungsabläufe in handfeste Mordprogramme realisiert werden konnten und in sogenannte, arbeitsteilige „normale" Arbeitsabläufe zur Durchführung gelangten und über Dienstanweisungen, behördliche und militärische Erlasse, Verordnungen und Tagesbefehlen administrativ abgesichert waren. Damit unterschieden sie sich von den mittelalterlichen Pogromen, die aus einem spontanen Berserkertum entstanden. Der Soziologe Harald Welzer hat diesen rationalen Umsetzungsprozeß und den hiermit verbundenen moralischen Referenzrahmen in seinem Buch „*Täter, Wie aus ganz normalen Menschen Massenmörder werden*" ausführlich anhand verschiedener sozialpsychologischer und organisations-soziologischer Modelle und Untersuchungen beschrieben. An der Durchführung dieser Mordprogramme beteiligten sich nicht nur fanatische und überzeugte Rassisten. Ebenso selbstverständlich stellten sich für diese „Aufgaben" von Hause aus unpolitische „Technokratennaturen" zur Verfügung, bar aller moralischen Skrupel und ohne ideologischen Ballast. Für diese reichten zu ihrer unideologischen Motivation, jene aus dem System hervorgegangenen „Sachzwänge" einer sich scheinbar verselbstständigenden administrativen Maschinerie aus um tätig zu werden. Obwohl der Völkermord tendenziell lange, bevor er zur Durchführung kam, geplant war und in unzähligen Reden, Pamphleten und haßerfüllten Ressentiments vorweggenommen wurde, beteiligten sich an ihm in der Sache unpolitische Naturen, die sich aufgrund ihrer Tätigkeitsmerkmale und beruflichen Positionen wie zufällig in der Mordmaschinerie wiederfanden. Gerade diese Tätergruppe reklamierte für sich eine Schuldentlastung aus den Zufälligkeiten beliebiger Sachzwänge, die sie dem Regime und seinen spezifischen Umständen andichteten und aus denen, ihrer Sichtweise gemäß, letztlich der millionenfache Völkermord resultierte. Da sie sich zufällig von der Geschichte in jene Geschehnisse hineingestellt sahen, entwickelten sie kein Tatbewusstsein, sondern fühlten sich vom Schicksal gleichsam überrollt. Aus der bürgerlichen Mitte der Gesellschaft kommend, konnten sie sich nach dem Zusammenbruch auch wiederum problemlos in die Mitte der Gesellschaft zurückbegeben. Jedoch nicht die Geschichte schafft Verbrechen, sondern konkrete Individuen haben mit ihren Interessen, ihren Handlungen, ihrem moralischen Versagen und Verführbarkeiten die Geschichte millionenfachen Verbrechens geschrieben. Jeder dieser Akteure war in der einen oder anderen Weise daran beteiligt, ohne daß sich deren angehäufte Schuld relativieren ließe. Sie alle verstanden sich als „Rädchen im Getriebe", ohne auch nur im Entferntesten daran zu denken, dieses „Getriebe" zu boykottieren. Für manche unter ihnen waren die Einflüsterungen und Verlockungen eines ungehemmten Ehrgeizes, der ihnen die Leiter ihrer Karriere bereitstellte, allzu mächtig um sich von den Restbeständen eines moralischen Gewissens in die Schranken weisen zu lassen. In dieser Indolenz und moralischen Schwäche aber liegt das Bedrückende und zugleich Ernüchternde über den menschlichen Charakter, der offenbar unter rationalen Bedingungen und mit der notwendigen inneren Distanz beliebig manipulierbar erscheint. Hitlers gelegentliche Visionen vom „Termitenstaat" gingen von dieser Verfügbarkeit aus, welche den Menschen nur noch in Sinnzusammenhänge begrenzter Zweckrationalität sah und ihn für jede Aufgaben nutzbar machen sollte.

Die Hintergrundüberzeugungen eines ethischen Subjektivismus, der geringschätzig auf die öffentlichen Belange hinabsah und ihnen jegliche moralischen Verpflichtungen absprach, war für viele der Funktionsträger und Eliten des Dritten Reiches ein durchgängiger Charakterzug. Jene kulturhistorische Trennung des deutschen Bürgertums in öffentliche und private Moral zu unterscheiden und das eine mit dem anderen auszuschließen, machte es dem Regime relativ leicht, unideologische und unpolitische Menschen für ihre Taten zu gewinnen. Deren politische „Naivität", die ihren Berufsalltag stets immer begleiten und ihnen keinerlei Rechenschaft über die Folgen ihres Handelns auferlegte, bilden wesentliche subjektive „Kraftfelder" aus, womit totalitäre Systeme immer rechnen dürfen und einen wesentlichen Teil ihres Erfolges hiermit aufbauen können. Ohne deren Mitwirkung als technische und bürokratische Fachleute in Wirtschaft, Militär und Verwaltung wäre es dem Regime nicht gelungen in so kongruenter Weise die ideologischen Ziele auf die Zweckmäßigkeiten staatlichen Handelns zu adaptieren. Historiker haben immer wieder auf den permanenten Einfluß der nationalsozialistischen Propagandamaschinerie auf die Einstellung der Bevölkerung hingewiesen.[2] Es ist unbestritten, daß die Feindbilder ihre Wirkung auf die Mehrheit der Bevölkerung nicht verfehlt haben, zumal in geschickter Weise greifbare Projektionsbilder der eigenen Mittellosigkeit entgegengesetzt wurden. Auf das Engagement des mittleren und höheren Bürgertums hingegen war ihr Einfluß unwesentlich, denn weit mehr sorgte die Modernität des nationalsozialistischen Staatsapparates für die Attraktivität in dieser Schicht der Bevölkerung. Allenfalls diente der persönliche Bezug auf jene Feindbilder der Beschwichtigung des eigenen Gewissens. Behördenleiter, Juristen in unterschiedlichen staatlichen Positionen, Lehrer und Hochschullehrer, lokale Verwaltungschefs, Dezernenten und Polizeivorsteher, kurz nahezu die gesamte Funktionselite des Deutschen Reiches haben vorbehaltlos ihre Dienste dem System zur Verfügung gestellt. Auch daß unmittelbar nach der Machtübernahme der Umsturz aller bislang gültigen rechtsstaatlichen Normen erfolgte, hat sie nicht daran gehindert, gewissenhaft und pflichtergeben ihren Tätigkeiten nachzugehen. Selbst der liberal gesinnte Rudolf Diels, ein enger Mitarbeiter des sozialdemokratischen preußischen Innenministers, stellte sich ab 1933 in den Dienst des neuen Regimes, in dem er seine fachlichen Kenntnisse dem Aufbau der politischen Geheimpolizei widmete, der später so bezeichnenden „Gestapo", welche in den Jahren der Schreckensherrschaft, deren eifrigste „Todesschwadron" wurde. Obwohl die nationalsozialistische Bewegung eine totale Politisierung der Gesellschaft verfolgte, indem sie fast alle Lebensbereiche ihrer Ideologie unterordnete, bedurfte sie der technisch-rationalen Mithilfe ideologisch indolenter Personen, die sich auf die angebliche Sachlichkeit vermeintlich unpolitischer Aufgaben zurückziehen durften und nur der Effizienz ihrer Tätigkeiten verpflichtet waren. Diese Doppelstrategie des Regimes lag in dessen Absicht um nach den Turbulenzen der Weimarer Demokratie und dem Dauerstreit der Parteien wieder zu straffen Entscheidungsprozessen zurückkehren zu können und entsprach dem sehnlichsten Wunsch der Entscheidungsträger in Wirtschaft und Verwaltung. Speers „Verwunderung darüber, daß Hitler ihn nie zu einem Eintritt in die Partei aufgefordert habe, offenbart wie wenig er diese Strategie bis zuletzt durchschaut hat."[3] Die traditionelle Trennung von öffentlicher und privater Moral, die zur nationalen Kultur gehört, stellte somit den Nationalsozialisten einen loyalen und verläßlichen Staatsapparat zur Verfügung, der somit zur „Verdinglichungsmasse" des Dritten Reiches wurde.

Die Abspaltung privater Moral in eine technische Dimension, über deren Auswirkungen keine Rechenschaft mehr abgelegt zu werden braucht und die hierdurch zu einer öffentlichen wird, ist eine wesentliche Voraussetzung ihrer Verfügbarkeit für noch so „unmoralische" Aufgaben und entspricht in geradezu idealer Weise den Bestrebungen totaler Herrschaftsformen, die Menschen zu verdinglichen und ihre Identität mit den Entscheidungsprozessen und deren Rollen gleichzusetzen. Eine technisch-bürokratische „Hypermoral", die ihren eigenen

Gesetzen folgt, macht es moralisch indifferenten Individuen relativ leicht sich für jeden nur denkbaren Sachzwang, mag er auch noch so verwerflich sein, zur Verfügung zu stellen. Bereits 1933, unmittelbar nach der Machtübernahme, war erkennbar wie relativ geräuschlos die Anpassung zahlloser Menschen vonstatten ging, die ihren technischen und organisatorischen Sachverstand dem neuen Regime zur Verfügung stellten. Gerade dieses geräuschlose „Einschnappen" des bürokratischen Mechanismus in die vollzugstechnischen Umsetzungen des Regimes bildete als wesentlicher Faktor nationalsozialistischer Konsolidierungsprozesse eine Parallele zur Etablierung moderner Machtergreifungsprozesse, wie schon Max Weber in seinen Studien über Analysen und Strukturen moderner Bürokratien erkannt hatte.[4]

Meist unmerklich und verborgen gehen die Prozesse der Demoralisierung in den modernen sozialen Strukturen vor sich. Und ebenso unbemerkt schleichen sich solcherart Deformierungen in die Psyche einzelner Individuen ein, sobald diese bereit sind eine Trennung zwischen privater und öffentlicher Moral zu ziehen. Um übergeordneten Interessen zu dienen, auch wenn in einem subjektiven Verständnis unmoralisch erscheinen, werden Skrupel beiseite geschoben und zu Gunsten vermeintlich objektiver Sachzwänge das eigene Gewissen ausgeschaltet. Dem technischen Fortschritt wird unter spezifischen Machtinteressen ein Eigenleben jenseits aller moralischen und ethischen Bedenken zugeschrieben. Das, was durch wissenschaftlichen Fortschritt möglich wird, erscheint genau so wertfrei wie die Technik selbst und die ihnen zugrunde liegenden Erfindungen. Im Verlaufe seines atemberaubenden Aufschwunges in den letzten hundert Jahren hatte der technische Fortschritt eine eigene Moral entwickelt. Nicht nur die Technik wurde zur wertfreien „Zone" erklärt, sondern auch deren Verwendung im Zuge ideologisch vorgegebener Ziele. Und so wie es keine „bösen" Erfindungen gibt, bleibt auch der technisch rationale Genius von moralischen Forderungen unberührt. Moralische Bedenken existieren daher im Rahmen seiner Tätigkeit nicht da die Technik, der er sich zur Verfügung stellt, eine Macht an sich darstellt. Sie dient keiner fremden Macht, sie ist aus dem Stadium des Herrschaftsinstrumentes herausgetreten und längst selber Herrschaftsträger geworden. Die verbindlichen Wertmuster werden durch eine „technizistische Unmoral", die nur ihre eigenen Zwecke verfolgt, abgelöst. Hieraus eröffnet sich für diejenigen, die ihren Dienst im Namen eines verbrecherischen Systems stellen ein Ausweg, sich von subjektiver Schuld befreit zu sehen. „Schuld", wenn überhaupt, besteht nur darin in diesem System gelebt und seine Tätigkeit verrichtet zu haben, oder mit anderen Worten, am falschen Ort zur falschen Zeit gelebt zu haben. Auf diesen Verschiebungsmechanismus moralischer Gleichgültigkeit, welche als Neutralität kaschiert wurde, haben sich unter anderem zahlreiche

Nazirichter und Juristen nach dem Kriege herausgeredet, indem sie vom Positivismus der nationalsozialistischen Rechtsnormen überzeugt waren. Die Facetten des modernen Zeitalters im Erscheinungsbild des Nationalsozialismus traten jedoch nicht erst zu Beginn des Krieges und den darauf folgenden Vernichtungsprogrammen zu tage, sondern sie bestimmten von Anfang an das Auftreten des Regimes als totalitäre Herrschaftsform. Der Totalitarismus, Hannah Arendt zufolge einer Erscheinung der modernen Massengesellschaft, bedarf zu seiner Etablierung der uneingeschränkten Vorherrschaft des technischen, bürokratischen und wirtschaftlichen Komplexes. Ohne diesen kann er seine Durchschlagskraft nicht entfalten und seine ideologische Substanz verbliebe statt dessen auf dem Niveau einer pseudoreligiösen Randerscheinung. Erst durch die technischen und bürokratischen Voraussetzungen wird die Ideologie zur kalten Machtentfaltung eines Systems und sichert dessen Herrschaft.

Im nationalsozialistischen Verständnis wurde programmatisch der uralte geistesgeschichtliche Widerstand gebrochen, der sich gegen eine Gleichberechtigung von Technik und Kultur wandte und das letztere über das erstere stellte. Für die Nationalsozialisten bestanden zwischen beiden Ebenen keine Widersprüche, solange die kulturellen Inhalte den technischen Vernichtungsprogrammen ideologisch adaptiert waren, in dem Sinne, daß sie der Praxis der Rassenpolitik den erforderlichen Überbau lieferte. Kultur und Bildung verstanden sich unter der Herrschaft des Dritten Reiches nicht zweckfrei, etwa um der Selbstverwirklichung des Individuums zu genügen, sondern als Mittel der Propaganda, die der Umsetzung der Ideologie den äußeren, populistischen Bezugsrahmen lieferte. Da sie mit der Tradition von Bildung und Kultur gebrochen hatten, verstanden sie sich als Pragmatiker des Fortschritts und der konkreten Handlung, die frei war von allem geistigen und moralischen „Ballast" und unnützen Reflexionen. Kultur hatte ihr da nicht dreinzureden, sondern nur ihre Politik zu bekräftigen. Wenn er das Wort Kultur höre, „so entsichere er seinen Revolver".[5] In diesen Worten eines ehemaligen Freikorpskämpfers und späteren SA-Mannes spiegelte sich jene Verachtung der Kultur wider, die bezeichnend war für den Hass auf alles Konventionelle und Bürgerliche und die aufräumen wollte mit allen abendländischen Traditionen und nur noch dem bloßen Existenzkampf huldigte. Hierzu bedurfte es nicht der kulturellen und moralischen Standards abendländischer Zivilisation sondern lediglich der Mittel eines technischen Fortschrittes, deren Wirkungsweisen keinen moralischen Imperativen unterlagen und welcher nicht anders verstanden wurde, als ein Instrumentarium im Dauerkampf des Stärkeren gegen die Schwächeren in der Lesart eines vulgären Sozialdarwinismus. So, wie die technischen Voraussetzungen die vergleichsweise modernen Bestandteile eines politischen Konzeptes bildeten und auch in vielen Demonstrationen des Regimes nach außen hin sichtbar wurden, waren sie außerordentlich attraktiv für jene Generation junger Männer des enttäuschten Bürgertums, die sich als Avantgarde der Moderne begriffen. Wenngleich es auch unterschiedliche Motive gab, sich dieser Bewegung anzuschließen, so waren der Bruch der Traditionen und die Ablehnung demokratischer und liberaler Lebensformen, derer man überdrüssig war, ein starker Beweggrund an die Modernität eines im Grunde archaischen Politikverständnisses zu glauben.

Im weitesten Sinne gab es darüberhinaus auch Anzeichen eines sozialpsychologischen Aufstandes gegen die Vaterbilder der damaligen Zeit. Der Nationalsozialismus als weltanschauliche Bewegung benutzte in populistischer Hinsicht den Vater-Sohn-Konflikt vor dem Hintergrund zusammenbrechender Traditionen. Dieser Konflikt bildete den Transmissionsriemen, welcher unredliche und verwerfliche Ideenwelten mit dem Emanzipationsanspruch der jüngeren Generation zusammenbrachte. Der Anschluß Albert Speers an den Nationalsozialismus unter ausdrücklicher Mißbilligung seines Vaters war gewiß kein Einzelfall. Aus psychologischer Sicht ist der Nationalsozialismus von dem Psychoanalytiker Hans Müller-Braunschweig als eine Revolte gegen den symbolischen Vater in Gestalt des technisch-industriellen Komplexes der Moderne gedeutet worden.[6] Für Müller-Braunschweig richtete sich der Nationalsozialismus gegen die Moderne. Hierbei übersieht Müller-Braunschweig jedoch, daß es gerade diese Eigenheiten der Moderne waren, die den Aufstieg der Nationalsozialisten begünstigten und die jüngere Generation in ihren Bann zog. Gewiß bezog der Nationalsozialismus aus dem Protest der Jungen gegen die Alten ein Großteil seiner psychologischen Dynamik; jedoch ohne ein „juveniles Gegenmodell" anzubieten, wäre die Revolte ohne weitreichenden politischen Folgen geblieben. Auf nahezu allen Feldern der politischen Selbstdarstellung war der Nationalsozialismus den etablierten Parteien der Weimarer Republik überlegen. Seine Ziele und propagandistischen Darstellungen bezogen sich auf eine Zukunft, die weit mehr als alle übrigen Parteien, populistische Antworten auf die damals drängenden Fragen der Gegenwart bereithielten, wenn sie sich auch noch so verwerflicher und absurder Mittel bedienten und ihre weltanschaulichen Prospekte mit den tradierten humanistischen Bildern der Vergangenheit nicht das Geringste zu tun hatten. Seine Mobilisierungsmasse bezog die nationalsozialistische Bewegung aus jener Schicht der aufstrebenden mittleren und höheren Angestellten, die gegen tradierte gesellschaftliche Normen und überholt geglaubte Vaterbilder zu Felde zogen. Der Nationalsozialismus sprach in seiner Programmatik nicht nur den sozial gefährdeten Mittelstand an, sondern war auch von einer unvergleichlichen Anziehungskraft auf die jüngere Generation, die mit den überkommenen

Vaterbildern der Kaiserzeit nichts mehr anzufangen wußte. Indem der Nationalsozialismus eine Ideologie des Aufbruchs in eine neue, wenn auch diffuse Zukunft vertrat, welche die unbewussten und verdrängten Ängste vor diesen autoritären Vaterbildern ansprach, sahen etliche hierin die Chance zur Emanzipation. In geschickter Weise hat die Propagandamaschinerie diese Ängste verstärkt und gewissermaßen zum Aufstand der Söhne gegen ihre Väter aufgerufen. Die individual- und sozialpathologische Übereinstimmung zwischen dem Nationalsozialismus und jener Nachkriegsgeneration der Enttäuschten und Verbitterten und zugleich Rebellierenden wird von diesem Ansatzpunkt her greifbar. Ihre väterlichen Ersatzbilder fanden sie in der vergleichsweise jungen Führungspersonage der NSDAP, die anders als ihre gebrochenen Väter voll Dynamik, Aggression und politischem Tatendrang auftraten. Im Nationalsozialismus fand daher die junge Generation in der Endphase der Weimarer Republik jene Projektionsflächen ihr Schicksal selber in die Hand zu nehmen, statt wie bisher, den morbiden Vorgaben einer kraftlos gewordenen Vätergeneration zu folgen.

Viele dieser Generation sahen im Dritten Reich eine Chance zu beruflichem und gesellschaftlichem Aufstieg, den sie unter den sozialpolitischen Bedingungen der Weimarer Republik glaubten nicht realisieren zu können. Und wie viele dieser Zeitgenossen trieb es auch den jungen Architekten Albert Speer in die unmittelbare Nähe dieser Bewegung. Weniger aus ideologischen Gründen, mit den obskuren Inhalten konnte er wenig anfangen, außer daß ihn die Person Hitler während einer Redeveranstaltung in Berlin faszinierte und er daraufhin in die NSDAP eintrat.[7] Hitlers soziale und wirtschaftliche Zukunftsvisionen hinterließen auf den stellungslosen Speer einen tiefen Eindruck und hiervon erhoffte er sich, wie etliche andere auch, eine berufliche und soziale Perspektive. In den hohen Erwartungen, die er an die Machtübernahme Hitlers knüpfte, aber auch in der Aufbruchsstimmung und enthusiastischen Ahnungslosigkeit, mit der er bis zuletzt dem Regime folgte bis hin zu den Enttäuschungen und verdrängten Schuldanteilen und dem Gefühl einem Verbrecherregime gefolgt zu sein, verkörperte er einen technisch-rationalen Typus ohne Anzeichen eines moralischen Gewissens in dem sich nicht wenige der Funktionsträger des Dritten Reiches wiedererkannt haben. Speers Typus des unbefangenen, technisch versierten Gefolgsmann eines verbrecherischen Systems hat in der unpolitischen Selbstverständlichkeit mit der er diese Rolle ausführte, den Totalitätsanspruch des nationalsozialistischen Staates vernebelt. Schon frühzeitig hat er seine Rolle aus dem politischen Zusammenhang lösen wollen und sich lediglich als unbefangenen Künstler und Technokraten gesehen. Vor allem in den Jahren seiner Spandauer Haft und der Zeit danach hat er in der Öffentlichkeit den Eindruck erweckt, als sei er rein zufällig in das

Zentrum dieses verbrecherischen Systems um Hitler geraten. Die Rolle als apolitischer, nicht systemtypischer Funktionsträger, der entgegen allen persönlichen Bekundungen ungeheuere Macht und Einfluß im Verlaufe seiner Karriere entfalten konnte und dennoch das Erscheinungsbild einer integren Persönlichkeit abgab, hat wie kaum ein anderer bei kritischen Beobachtern im Inneren wie auch im Ausland Zweifel an der verbrecherischen Wucht des Regimes hervorgerufen. Gerade weil er sein Wirken mit Hartnäckigkeit von jedem politischen Verdacht freihalten ließ, war dieses außerordentlich bedeutsam für das äußere Erscheinungsbild des Dritten Reiches als fortschrittliche und moderne Staatsform. Speers bombastische Lichtdome und sinnbetäubende Inszenierungen der Reichsparteitage verschleierten die dumpfe archaische Ideologie, die sich unter all dem oberflächlichen Kulissenzauber des Regimes verbarg.

Obwohl er aus einer angesehenen Mannheimer Architektenfamilie kam, hatten auch ihn die Folgen der Weltwirtschaftskrise in beruflicher Hinsicht aus der Bahn geworfen. Er entstammte einer Generation, der die Abwendung von dem grauen Einerlei der Wirklichkeit und vor der liberalen Gleichmacherei des großstädtischen Pluralismus und seiner unruhigen sozialen Realität zum Dreh- und Angelpunkt ihrer gesellschaftlichen Stellung wurde. Diese restaurativen Grundströmungen fanden innerhalb der breiten Jugendbewegung ihren mystisch-romantischen Niederschlag. Obgleich Speer nach eigenem Bekunden einer solchen Bewegung niemals angehörte, so ist seinen Erinnerungen zu entnehmen, daß er dennoch von deren Ideen nicht unberührt blieb. So ist zu vermuten, daß dieser unpolitische und spätromantische Zeitgeist nicht ohne Wirkung auf sein politisches Desinteresse geblieben ist. Speer entsprach in seinem apolitischen Erscheinungsbild der Selbstverliebtheit des weltabgewandten, narzißtischen Romantikers. Eines Romantikers freilich, der unverhofft zu ungeahnter Macht gekommen war. Selbst in seiner Biographie, die er während seiner Spandauer Haftzeit verfaßte, konnte der Eindruck eines vom politischen Geschehen abgewandten und gleichgültigen Melancholikers nicht verblassen. Insofern erschien seine Biographie als der Versuch einer nachträglichen Schuldabweisung und der Selbstinszenierung einer zufälligen persönlichen Tragödie eines unglücklich verstrickten Künstlers, der ins Zentrum der millionenfachen Verbrechen geriet. Übers Hitlers Judenhaß den er schon frühzeitig bemerkte, sah er geflissentlich hinweg. Er betrachte ihn im Stile einer Art von Selbstbeschwichtigung, als eine jener nicht ernstzunehmenden Marotten, die den abrupt auftretenden Gefühlswallungen des Diktators geschuldet waren. Vermutlich verlor sich seine ansonsten scharfe Beobachtungsgabe in der Nähe seines Förderers. Die Ernsthaftigkeit solcher noch tödlich werdenden Äußerungen wollte oder konnte er nicht wahrhaben, wie auch seiner wachen Intelligenz, mit der er sich in der durchgängig ordinären Intrigenszenerie des „Hofes" bewegte, auch die millionenfachen Vernichtungsorgien angeblich entgangen sind. Andererseits bejahte er das Regime mit seiner unmittelbaren Entschlossenheit zum kurzen Prozeß, wonach Hitlers Wort das Gesetz war.[8] Von Gefühlsanfälligkeiten blieb auch er nicht verschont. Nicht nur daß er sie gut darzustellen wußte, ohne von ihnen betroffen zu sein, es gelang ihm auch, sie zu theatralischen Versatzstücken seiner Verführungskünste einzusetzen. Unzählige Ehrenfahnenveranstaltungen, Totenfeiern und die jährlich stattfindenden Reichsparteitage trugen die Handschrift seiner sinnbetäubenden Inszenierungen mit Hilfe von Lichtdomen, Fahnengalerien und flammenden Opferschalen, die dem Ganzen liturgische Aspekte verleihen sollten. Hier konnte er jene Gefühlswelten ausleben, die er persönlich nicht an sich heranließ. Speer war Verführter und Verführer zugleich. „Ich war damals mitgerissen", gab er an, und hätte nicht gezögert, Hitler überall zu folgen.

Von seinen ehemaligen Gegnern wurde er erstaunlicherweise als umwerfend menschlich beschrieben, obgleich er keinerlei Interesse am Schicksal seiner Sklavenarbeiter in der Kriegsproduktion zeigte oder gar Empathie für sie empfunden hätte. Allerdings wußte er sehr zutreffend was „man" fühlen mußte um die Stellung, die er innehatte auszubauen und sie gegen die zahlreichen Intrigen des braunen Sumpfes zu behaupten. Speer, der sich selber als unpolitischen Fachmann verstand und der das Intrigenspiel der täglichen Machtpolitik nur unzureichend beherrschte, gelang es aufgrund seiner Beobachtungsgabe, sich stets den Intrigen und Machtkämpfen seines braunen Umfeldes zu entziehen, vor denen ihn auch gelegentlich nicht die Gunst seines Förderers schützen konnte. Speer war nicht nur ein Meister der Verführung und der Herstellung von propagandistischen Kulissenwelten, sondern auch seine eigenen Gefühlswelten wußte er geschickt darzustellen, ohne sich dabei in ihnen zu verlieren. Das gesamte Repertoire an Gefühlsposen und Stimmungsdarstellungen war ihm vertraut und er beherrschte es geschickt dieses in Szene zu setzen, wenn es ihm zu seinem Vorteil gereichte. Aber er besaß keine innere Identität die zu wahren Gefühlen fähig gewesen wäre. Gitta Sereny, die Speer während des Nürnberger Prozesses beobachten konnte, kam zu dem Schluß, daß er niemals wirklich etwas erklärt hatte, weder im Prozeß noch in seinen Büchern oder Gesprächen, die sie mit ihm zum Zwecke ihrer Biographie über ihn führte. Sie sah in Speer einen Mann, der von seinen Fähigkeiten her nicht unmoralisch oder gar amoralisch war, sondern etwas unendlich Schlimmeres werden konnte, ein moralisch erloschener Mensch, für den Moral überhaupt keine sinnvolle Kategorie darstellte.[9] Er war lediglich zur

Entstellung von Gefühlen in der Lage, die er unter dem Deckmantel einer Ideologie der unbegrenzten Machbarkeit zielgerichtet einzusetzen wußte. Überpersönlichen Zielen gegenüber war er stets aufgeschlossen und er besaß die entsprechende Verbindlichkeit, diese auch gegen Widerstände durchzusetzen, mit einem untrüglichen Spürsinn den Fallstricken zu entgehen die ihm von Seiten seines intriganten Umfeldes ausgelegt wurden. Es verwundert daher nicht, daß er ohne parteiinterne Hausmacht sich so nachhaltig im inneren Zirkel um Hitler bis kurz vor dem Untergang behaupten konnte. Mit Hitler konnte er in einer Art künstlerischer Beeinflussung in einer Weise umgehen, die den vergleichbaren Satrapen der Nazi-Nomenklatur versagt blieb, wie ungekehrt Hitler mit Speer einen Kontakt pflegte, der gelegentlich dessen ansonsten übliche Unnahbarkeit aufhob. Joachim Fest ist der Meinung, daß er Hitlers Gefühl bewegen konnte wie sonst niemand und dies sicherlich durch ihr gemeinsames Interesse an Architektur. In dem jungen Speer sah Hitler vermutlich sein eigenes Alter ego des verhinderten Künstlers und Architekten. Immer wenn Speer mit neuen Entwürfen auftauchte, blühte Hitler auf und ließ alles stehen und selbst interne Gespräche mit seinen Vasallen wurden aus diesem Anlaß unterbrochen. Daß er jedoch mildernd auf den Diktator eingewirkt haben soll, wie Fest vermutet, [10] ist an dieser Stelle zu bezweifeln, zumal sich hierfür keine stichhaltigen Beweise finden lassen. In einer Denkschrift an Hitler, die er gegen Ende des Dritten Reiches an Hitler verfaßte, betonte er ausdrücklich das vermeintlich Unpolitische an seiner Rolle: „Die Aufgabe, die ich zu erfüllen habe, ist eine unpolitische. Ich habe mich so lange in meiner Arbeit wohlgefühlt, als meine Person und auch meine Arbeit nur nach der fachlichen Leistung gewertet wurde".[11] Für Fest stand hinter solchen Überzeugungen ein ethischer Subjektivismus, der geringschätzig auf die öffentlichen Dinge herabsah und die Moral ausschließlich als eine Sache der privaten Existenz verstand. Speer sah nur den begrenzten Kosmos seiner technizistischen und fachlichen Zwecke und überließ das Feld der Politik denjenigen, die sich darum streiten mochten. Hierbei übersah er bewußt oder unbewusst, dass seine Rolle und Aufgabe eine zutiefst politische war, ohne die der Totalitarismus des Dritten Reiches sich nicht in der Weise hätte entwickeln können. Im Dritten Reich verkörperte er daher, wie kaum ein anderer, den Typus des spezialistisch verengten Experten der, ohne dass er es wahrhaben mochte, sich mitten im Zentrum der Machtentfaltung bewegte.

Innerhalb der Führungsriege um Hitler gehörte Speer zu den herausragenden Personen und auf den vorderen Plätzen. Anfänglich war sein Platz eher im privaten Umfeld des Diktators zu finden und er war der breiten Öffentlichkeit kaum bekannt. Erst seine Ernennung zum Rüstungsminister hat seine Stellung innerhalb von drei Jahren populär gemacht und ihn weit nach vorne gebracht und, wie er selber vermutete, bis auf den „Zweiten Platz" des Regimes. Seine außerordentliche Organisationsfähigkeit hat überdies dem in Wirtschafts- und Rüstungsangelegenheiten zuständigen Göring in die zeitweise Bedeutungslosigkeit versinken lassen. Inmitten der specknackigen und feisten Polittypen wie Bormann, Göring, Ley, Frank und etlichen anderen mit ihren breiten Gesäßprofilen und grobschlächtigen Physiognomien stach seine Distinguiertheit und blendende Erscheinung hervor und vermittelte den Eindruck, als habe er sich wie zufällig in diesem Sumpf minderer Charaktere verirrt. Jenes Erscheinungsbild unübersehbarer Brutalität, welches wie selbstverständlich Hitler und den meisten seines „Hofstaates" auszeichnete, suchte man bei ihm vergeblich. Neben den braunen und schwarzen Uniformträgern schien er der einzige Zivilist zu sein. Über all die Jahre seines Wirkens inmitten des Machtzentrums hat er sich, abseits vom politischen Geschehen, von den Intrigen und Eifersüchteleien des „Hofes" um Hitler ferngehalten. Sein selbstbewußtes Auftreten signalisierte den Abstand, den er zu den unterwürfigen Vasallen wie Bormann, Ribbentrop, Ley und Streicher hielt und den er sichtbar nach außen demonstrierte. Historiker haben den Grund seines Hochmutes nicht ganz zu Unrecht darin gesehen, dass er wohl Hitlers „unglückliche Liebe" war und sich diesem gegenüber mehr als alle anderen des Personage private Attitüden herausnehmen durfte. Indes ist eher anzunehmen, dass es die betonte Rückkoppelung an seine großbürgerliche Herkunft, seinen weltmännischen Geschmack und seine Eitelkeit war, aus der er wie selbstverständlich seine Ausnahmestellung herleitete. Auch vermied er, wenn immer es möglich war, Uniform zu tragen, wie die meisten der Führungsriege um Hitler. Selbst dieser, dem dies mißfiel, konnte ihn nicht davon abbringen, sich auch im äußeren, kleidungsmäßigen Erscheinungsbild von den Übrigen abzuheben. Dennoch gehörte er dazu und schloß, wenn immer es zu seinem Vorteil gereichte, Pakte und Koalitionen mit diesen verachtungswürdigen Leuten, von denen er sich nie weit genug entfernt aufhielt. Da er frei war von jener dumpfen Aura, die fast jeder der führenden Personage um sich verbreitete und ihrer Herrschaft den zweifelhaften Glanz des „Nicht-ganz-Geheueren" (Fest) gab, galt er für viele Zeitgenossen und selbst nach seiner Entlassung aus der 20-jährigen Haft in Spandau als sauberer, unbestechlicher und integrer Nazi, der sich mit den Gemeinheiten des Regimes nur schwerlich in Verbindung bringen ließ. Zudem vermittelte sein nach außen hin unpolitisches Auftreten den Eindruck eines naiven Künstlers und verführten Mitläufers. Ein Umstand, der nach dem Zusammenbruch nicht wenigen der Nazitäter als entlastender Ausweg aus ihrer eigenen Schuldverstrickung sehr gelegen kam. Speers Mischung aus Distanz und Zugehörigkeit haben etliche, die so wie er, dem Regime bedingungslos gefolgt sind, auch zur nachträglichen Relativierung ihrer Mitschuld und Verantwortung veranlaßt. In seiner scheinbar nur sachdienlichen Hingabe, in seiner unpolitisch erscheinenden Tüchtigkeit, die unabhängig davon was sie bewirkte, immer mit einer inneren moralischen Abwesenheit zu den Zielen und Absichten des Regimes auftrat, haben sich zahlreiche Nazitäter mit Vorliebe wiedererkannt. Wenn bei den ewig Gestrigen und den heimlichen und unheimlichen posthistorischen Verehrern des Dritten Reiches die Rede auf die sogenannten „guten Taten" des Nationalsozialismus kam und gelegentlich noch kommt: die Autobahnen, die immer wieder exemplarisch zitierte Arbeitsbeschaffung, die angebliche Sicherheit auf Deutschlands Straßen und Plätzen zu nächtlicher Stunde, die bald redensartlich werdende „vorbildliche" Familienpolitik, dann taucht, wie zur Bekräftigung der „guten Seiten", des öfteren auch der Name Albert Speer auf. In ihm sahen sie den Garanten jener posthistorischen Legendenbildung, dass es inmitten eines verbrecherischen Systems auch noch den „guten" Menschen gab, der zudem angesichts der Untaten, obwohl in unmittelbarer Nähe des Machtzentrums, ahnungslos sein konnte.

Speers Betonung seiner rein technischen Aufgaben als Rüstungsminister, sowie früheren künstlerischen Tätigkeit in den Jahren als Reichsbaumeister und Lieblingsarchitekt Hitlers haben indes die Legende eines führenden Funktionärs und Machtträgers des Dritten Reiches gewebt, der zwar am Tische der Macht saß, aber von deren Speisen unberührt blieb. In dieser Hinsicht war Speers Auftreten in der Nachkriegsgeschichte, bis hin zu der geschickten Vermarktung seiner Memoiren, ohne Beispiel. Wie kaum ein anderer hat er diesen Typus des spezialistisch verengten Menschen und dessen technokratische Amoral verkörpert und über weite Strecken aufrechterhalten können und dem System eine zweifelhafte Attraktivität für völlig unpolitische Naturen nachgeliefert. Darin, dass er – bewußt oder unbewusst – einen negativen Beitrag zur Unfähigkeit kollektiver Trauerarbeit in den Jahren der frühen Bundesrepublik geleistet hat, besteht seine zweite Schuld, nämlich die der fehlenden Einsicht und Reflexionsunfähigkeit. Noch vor dem Nürnberger Kriegsverbrecherprozess und späterhin in seinen *Erinnerungen* und *Spandauer Tagebücher* hat er sich unermüdlich auf seine „unpolitischen" Aufgaben berufen, in denen er lediglich wirtschaftliche und technische Implikationen sehen wollte. Seinem Bewußtsein sind hingegen die Verfolgung von Minderheiten, Konzentrationslager, Versklavung und Ausbeutung von Fremdarbeitern bis zu deren Vernichtung scheinbar entgangen. Diese Perspektiven von unermeßlichem menschlichem Leid blieben seinem technokratischen eindimensionalen Charakter verschlossen. In der Trennung von privater und öffentlicher Moral wurde Speers Verankerung in einem großbürgerlichen

Herkunftsmilieu nur allzu deutlich. Auf den Vorhalt des Gerichts, dass ihm als gebildeten Menschen der völkerrechtswidrige Charakter der Fremdarbeiterverschleppung nicht aufgegangen sei, erwiderte er lapidar, dass er als Architekt und Techniker seine Rechtskenntnisse nur aus Tageszeitungen entnehmen könne. Die von ihm vor Gericht vertretene prinzipielle Gewaltablehnung resultierte eher aus der rationalen Planung komplexer Arbeitsabläufe, bei denen Terror sich nur in störender Weise auf die ständigen Leistungssteigerungen ausgewirkt hätte, als denn aus echten ethischen und moralischen Bedenken, die aus einer tiefen Gewissensbildung hervorgegangen wären. Albert Speer war ein typischer unpolitischer Mensch in den Traditionen des deutschen Bildungsbürgertums. Seine technokratische Pflichterfüllung, die weit über das Übliche und Notwendige hinausging verband, sich mit einer gewissen Realitätsferne, von der noch zu sprechen sein wird, bei gleichzeitiger Politikenthaltung. Über seine Person und seine Rolle im Dritten Reich und die steten Ambivalenzen seiner Gratwanderung zwischen Opportunismus und Distanz zu den schmutzigen „Tagesgeschäften" des Regimes, erschließt sich ein tieferes Verständnis des Nationalsozialismus und seiner Breitenwirkung in der Öffentlichkeit wie kaum bei einem anderen der engsten Führungsriege um den Hitler. Seine bombastischen Entwürfe in den Jahren als Hitlers Lieblingsarchitekt löschten das Individuum als Subjekt, durch die Gleichförmigkeit der unzähligen Nachtweihfeiern die er in Szene setzte und die überdimensionierten Prachtbauten einer faschistischen Architektur, aus. In Massenveranstaltungen und angesichts dieser menschenfeindlichen Architektur reduzierten sich die Menschen zu Objekten staatlicher Willkür und bedingungsloser Herrschaft, welche dem Regime als Staffage und zugleich als Verfügungsmasse künftiger Welteroberungspläne dienen sollten. Speers Wirken diente, bei aller sich selbst einredenden Politikfremdheit, dem Hitlerstaat zur Aufrechterhaltung seiner Macht und zur Durchsetzung von Terror und Gewalt. In ihm nur den weltfremden, werksversessenen Künstler zu sehen, den Doppelgänger Adrian Leverkühns aus Thomas Manns Roman „*Doktor Faustus"*, hieße seine kritische Wachsamkeit und Intelligenz den Fallstricken gegenüber, die innerhalb des Machtzentrums um ihn herum ausgebreitet waren, zu übersehen. Er war klug genug, eine gewisse Distanz zu den Organisationen des Terrors zu halten. So weigerte er sich hartnäckig, in Kenntnis der vorhandenen Verbrechen der SS, jemals einen Ehrenrang dieser Organisation anzunehmen um sich somit den Aufdringlichkeiten des Systems zu entziehen. Dennoch bewegte er sich in einer für ihn „idealen Welt", wie er noch gegen Ende des Krieges bemerkte.

Am meisten war Speer von sich selbst überzeugt und insofern unfähig, sich und seine Rolle im Dritten Reich auf ihren wesentlichen moralischen Kern hin zu reflektieren. In den Verhören des Nürnberger Prozesses gegen die Hauptangeklagten war er der einzige, welcher eine Mitverantwortung für die Naziverbrechen übernahm, obgleich er stets betonte weder an ihnen beteiligt gewesen noch von ihnen gewußt zu haben. Seine freiwillig übernommene Schuldrolle, die er gegen den entschiedenen Widerstand der übrigen Angeklagten, vor allem gegen Görings heftige Ausfälle, zur Schau stellte, sah er einzig und allein in der Tatsache begründet, Mitglied dieser Regierung gewesen zu sein. Mit anderen Worten, das Schicksal hatte ihn zur unrechten Zeit am falschen Platz gestellt. Dieses formelle Eingeständnis der Verantwortung, so schrieb er später, entwickelte sich erst zur persönlichen Schuld, als er während des Prozesses die Zeugenaussagen über den millionenfachen Mord an den Juden erfuhr. Sicherlich von Speers Gesamtschuldbekenntnis nicht ganz unbeeindruckt lobte Jahrzehnte später die *New York Times* in ihrem Nachruf Speers außerordentliche „Menschlichkeit" inmitten eines unmenschlichen Systems. Augenscheinlich war auch sie zum posthumen Verehrungsopfer seiner Begabung zur öffentlichen Täuschung geworden. Für Alexander Mitscherlich indes war Speers Bekenntnis der Anfang seiner „Lebenslüge", an die er unverdrossen bis an sein Lebensende arbeitete. Unabhängig davon, ob er wirklich von all den Verbrechen gewußt hat – und historische Fakten sprechen dafür – und wie weit entfernt er von diesen systematischen Morden gewesen sein mag, trifft ihn insofern persönliche Mitverantwortung und Schuld, da er nicht nur seine Arbeit in unmittelbarer Nähe des politischen Ausgangszentrums fortsetzte, sondern beispielsweise für die „Entjudung" der Wohnungen für 40000 Juden in Berlin verantwortlich zeichnete, die sodann ihrer Vernichtung in den Konzentrationslagern des Ostens zugeführt wurden.

In seinen *Erinnerungen* schreibt er mit aristokratischer Distanziertheit von Gefühlen, die man eigentlich zu besitzen hat, wenn man in solchen Situationen hineingestellt ist. Aber bei aller Wortgewandtheit und sprachlichen Ausflüchten wird deutlich, dass er diese Gefühle nicht besaß und lediglich imstande war über sie in abstrakter Weise zu reflektieren. Sein vorgetäuschtes Reflexionsvermögen blieb dem Wesentlichen gegenüber verschlossen. Seinerzeit, vor Drucklegung seiner Autobiographien *Erinnerungen* und der *Spandauer Tagebücher,* waren Joachim C. Fest und der Verleger Jobst Wolf Siedler seine „vernehmenden Lektoren", wie sie sich selber bezeichneten. Trotz intensiver Insistierung auf den Kern Speerscher Gefühlswelten konnten sie ihm nichts Endgültiges entlocken. Sie scheiterten an Speers unterkühlten Ausflüchten und beinahe zwanghaften Rationalisierungen. Speer war außerstande mit den Gefühlen zu leben und sie als seine eigenen Schattenanteile anzuerkennen, obgleich deren Sinn und moralischen Konsequenzen ihm bewußt waren. Aber er wich der widerspruchsvollen Spannung aus in der er erkannt hätte, wie groß sein Identitätsbruch war der darin bestand, Dinge zu organisieren und die Augen davor zu verschließen angesichts dessen, was an Leiden und Elend hierdurch ausgelöst wurde. Seine einzige Ausrede über die furchtbare Situation seiner Zwangsarbeiter im Mittelbau Dora in Thüringen war, dass er meinte, sie hätten sich im Gegensatz zu den KZ-Häftlingen ernährungsmäßig besser gestanden. Ihm mangelte es offensichtlich an seiner Empfindung für die Widersprüche zwischen dem was ist und dem was sein sollte und aus humanitären Gründen nicht zu geschehen hat. Über diesen moralischen Widerspruch setzte sich Speer, gleichsam in der Attitüde eines technizistisch veranlagten Managers des unbedingt Machbaren, skrupellos hinweg. Hinsichtlich seiner lektorischen „Vernehmungen" bekannte Fest später: „Die Gespräche mit Speer handeln vom Rätsel seines Lebens. In den Widersprüchen, die es begleiten und schließlich ganz und gar beherrschten, hat Speer selber sich so ausweglos verfangen, dass er im Fortgang der Zeit, wie mir zunehmend deutlicher zu Bewußtsein kam, immer weniger irgendeine halbwegs überzeugende Antwort darauf hatte. Am Ende wurde er sich selbst zum größten Rätsel".[12] Eines dieser Rätsel war, wie ein Mensch mit derartiger sozialer und familiärer Herkunft und den moralischen Maßstäben seiner großbürgerlichen Erziehung, einer dermaßen inhumanen Herrschaft verfallen und sich in deren unmittelbaren Machtzentrum behaupten konnte. Dieses Rätsel bezieht sich ausschließlich auf die Persönlichkeit Speers als bürgerliches Subjekt, welches von seiner Intelligenz her jederzeit über ein moralisches und ethisches Repertoire verfügen müßte, solches zu durchschauen. Aber hierin liegt der eigentliche Grund seines widersprüchlichen Charakters, der die kollektiven Verwirrtheiten jener Epoche widerspiegelten. Eben weil dieses Bürgertum in moralischer Hinsicht durch die Errungenschaften der Moderne anfällig für eine zweckrationale Verwendung verschiedenster Funktionalitäten geworden war und sich jederzeit in die Dienste eines autoritären Systems stellte, verschloß sich diesem jener Widerspruch und hiervon blieb auch Speer nicht verschont.

In *Alles was ich weiß*[13] wollte er in seinen *Erinnerungen* seine Aussagen vor dem Nürnberger Kriegsverbrecherprozess zur Sprache bringen. Die inneren und widersprüchlichen Antriebskräfte blieben ihm anscheinend ein Rätsel – hierüber wollte oder konnte er nichts sagen. Wenn er etwas aussagte, so waren seine Eingeständnisse auf eine merkwürdige Art pflichtschuldig und seelenlos; sie schienen wie auswendig gelernt und ließen jegliche Authentizität vermissen. Als Ausrede seiner Gleichgültigkeit gegenüber den eigenen emotionalen Arretierungen gab er an, kein Mensch könne über so viele Jahre hin immer nur die eigene Schuld beteuern und dabei aufrichtig wirken.[14] In Wirklichkeit hatte er zu keinem Zeitpunkt seine eigene Schuld erkannt oder gar beteuert. Vermutlich dienten seine unablässigen Fluchten seine wirkliche Rolle zu reflektieren dazu, um der eigenen Identität nicht ins Gesicht sehen zu müssen. Albert Speers Biographien sind daher ein treffendes Beispiel der Selbstdarstellung eines Menschen, der weiß was zur rechten Zeit und Gelegenheit zu fühlen ist, aber in der eigenen Wirklichkeit nichts fühlt, außer seinen Narzißmus. Die jahrelange Identifikation mit einem verbrecherischen System, deren Zielvorstellungen er in konkrete Projekte umsetzte, die stromlinienförmige Anpassung an die Erfordernisse des Zeitgeistes brachten Beträchtliches an Destruktivität unter der glatten und verbindlich erscheinenden Fassade eines eleganten Technokraten zum Vorschein. Speer entsprach daher in kongenialer Weise dem Typus des erfolgreichen und rational handelnden Organisators administrativer und technisch industrieller Produktionsabläufe. Einem unpersönlichen Ziel ergeben, genügte er dem modernen Erscheinungsbild des Nationalsozialismus, welches in seinen konkreten praktischen Auswirkungen weit bedeutsamer für die Ziele des Regimes war, als die verquere Pseudoreligiösität des Himmlerschen Urgermanismus und dem Humbug seiner Thingkultur mit ihren dumpf wabernden Blut- und Bodenverehrungskulten. In gewissem Sinn gehörte er der Kaste von apolitischen Fachleuten an, die bedenkenlos ihr Wissen dem Regime jederzeit zur Verfügung stellten. Auf diese Weise hat er dem Machteroberungskurs Hitlers den Weg geebnet. Ohne ihn wäre die technische und zeitweise militärische Durchschlagskraft des Regimes nicht möglich gewesen. Als Rüstungsminister stellte er die Rüstungsindustrie auf die breite wirtschaftliche Ebene einer allumfassenden Kriegsproduktion und unterstützte damit den von Goebbels 1944 propagierten „totalen Krieg".

In den Augen des englischen Historikers Hugh Trever-Roper waren die späteren Rechtfertigungsbemühungen Speers auch ein Indiz für die unpolitische Haltung Deutschlands nach dem Ende der Hitlerherrschaft. Für ihn ist Speer die repräsentative Erscheinung für dieses System totaler Herrschaft, da kaum ein anderer in herausragender Position wie der seinigen, so unverdrossen loyal und gedankenlos dem Regime gedient hat, obgleich er sich in ideologischer Hinsicht nicht involviert sah. Für Sebastian Haffner war Speer keiner der auffälligen pittoresken Nationalsozialisten gewesen, wie etwa Göring, Himmler oder Goebbels. Jedoch verband sich seine Person mit der eines unersetzlichen Managers, „eines Typus, der in steigendem Maße in allen kriegsführenden Staaten wichtig wird: der reine Techniker [...] der kein anderes Ziel kennt, als seinen Weg in der Welt zu machen [...] das Fehlen von psychologischem und seelischem Ballast und die Ungezwungenheit, mit welcher er die erschreckende Maschinerie unseres Zeitalters handhabt", läßt ihn und die jungen Männer seines Naturells

„äußerst weit gehen [...] die Himmler und Hitler mögen wir loswerden. Aber die Speers, was immer im einzelnen mit ihnen geschieht, werden lange mit uns sein".[15] Nicht nur Totalitarismen benötigen diesen Typus, sondern sie werden, je technischer und administrativer die Abläufe moderner Verwaltungs- und Wirtschaftssysteme werden, unverzichtbar für jedes politische System. Und dies ist das Erschreckende an der Zweckrationalität arbeitsteiliger Abläufe und Machtstrukturen. Speer, den Haffner als einen kleinen glattgesichtigen Techniker der Macht beschreibt, verkörperte nicht nur den Prototyp des „Aufstiegs der Angestellten" im Dritten Reich, sondern sein moralisch indolenter Charakter ist in den heutigen postmodernen Strukturen wirtschaftlicher Macht und politischer Herrschaft mehr als denn je gefragt.

Trotz seiner blendenden Erscheinung war Speer ein amoralischer Mensch mit einer angepaßten und „verbogenen" Identität. Seine Angewohnheit auf alle in der Umgebung Hitlers voller arroganter Verachtung herabzusehen, zeigt die Ambivalenz seiner sozialen und moralischen Attitüden. Sehr wohl wußte er um die Primitivität und den derb-brutalen Charakter der braunen Paladine, die in nächster Nähe Hitler umschwärmten. Schon von seiner sozialen und bildungsmäßigen Herkunft fühlte er sich dieser lakaienhaften Funktionärsclique weit überlegen, was ihn aber nicht daran hinderte, sich in deren Verstrickungen und politischen Machenschaften einzulassen und mit ihnen gelegentlich zu paktieren. An ihren unterwürfigen Huldigungsritualen und „postpubertärem" Ergebenheitsverhalten mochte er sich nicht beteiligen. Schließlich war er der einzige, der mit Hitler, aufgrund der homoerotischen Zuneigung die ihm widerfuhr, auf annähernd gleicher Ebene verkehren durfte.[16] Wie sehr Speer im gruppendynamischen Ergebenheitstheater um Hitler eine Ausnahmerolle spielte, schilderte der Schriftsteller Günther Weisenborn, der Mitte der dreißiger Jahre Hitler mit einigen bevorzugten Paladinen erlebte und hierbei Speers Unnahbarkeit und herausgehobene Stellung beobachtete: „Es war ein sonderbares Schauspiel. Wenn der Mensch, den sie Führer nannten, und der heute abend das schlichte Weltkind mit den gutartigen Augen spielte [...] einige Worte sprach, so beugten sich alle umsitzenden Paladine ergeben vor [...]. Es war, als habe ein warmer Wind der Ergebenheit die stolzen Halme lautlos gebogen, so daß ich nur noch die gefalteten Specknacken unserer Reichsführung zu Gesicht bekam [...]. Der dickgesichtige Hitler nahm die Ergebenheitswelle auf, und er seinerseits beugte sich diskret jenem Speer entgegen, der rechts von ihm saß und gelegentlich einige artige gelangweilte Worte sprach. Was an Huldigung dem Hitler entgegenwogte, leitete er an Speer weiter, es schien Speer eine Art bewunderter Geliebter zu sein, und er war es, der die Huldigungen kassierte, als seien sie Kleingeld".[17]

Selbst als Speer das wahre Gesicht nationalsozialistischer Amoralität und Gewaltverherrlichung unverhohlen entgegentrat, bei passender Gelegenheit und gegen Ende zunehmend durch Hitlers Rassismus und Zerstörungswahn, der im Herbst 1944 durch den Befehl der „Verbrannten Erde", dem sogenannten „Nero-Befehl" offenkundig wurde, vermochte er sich nicht aus dem braunen Sumpf zu lösen. Erst bei seiner letzten Begegnung mit Hitler im April 1945 in der gespenstischen Szenerie des untergehenden Führerbunkers wurde ihm allmählich klar, auf welche Person er sich da eingelassen hatte, die ein „Unkönig Midas" war, der alles was er je berührte „nicht in Gold, sondern in Kadaver verwandelte".[18]

Ohne jemals von der Mordlust seiner braunen Weggefährten besessen zu sein, verkörperte er die Doppelgesichtigkeit des Dritten Reiches mit seiner Modernität die sich in den obskuren, verschrobenen Zügen der herrschenden Ideologie aufhob, wo unentwegt von Völkerfraß, germanischen Blutwällen und völkisch- rassischer Weltheilung die Rede war. Speers selbst gewählte Isolation seines intelligiblen Charakters, fernab von jeglichem Skrupel, der normalerweise das moralische Gewissen in die Waagschale wirft, war eine der entscheidenden Voraussetzungen seiner uneingeschränkten Dienstbarkeit mit der er den Herrschaftsbestrebungen des Regimes sehr weit entgegenkam. Wie bei keinem anderen der Funktionseliten trifft auf ihn der Phänotypus eines technisch verengten Menschen zu. Dabei war er keineswegs dumm oder gar zu einfältig um Gewissensqualen nicht zu bemerken. Speer war sensibel und intelligent genug; allerdings profitierte er zu seiner Selbstrechtfertigung von der gemeinhin allen Künstlern und Technikern zugestandenen Gleichgültigkeit gegenüber den gesellschaftlichen und moralischen Folgen ihres Wirkens, so dass ihm alle Anfechtungen aus politischem Ursprung erspart blieben. Gegen Ende der Hitlerherrschaft, als er die Auswegslosigkeit seiner selbstverannten apolitischen Haltung erkannte, halfen auch die verzweifelten Denkschriften nicht den Konsequenzen seiner Politik auszuweichen, die er an vorderster Linie mitzuverantworten hatte.

Der englische Historiker Hugh R. Trever-Roper hat ihn, nicht zuletzt wegen der verborgenen Destruktivität seiner unstimmigen Identität, als den wahren Verbrecher Nazideutschlands bezeichnet, denn „er vertrat, stärker als irgendein anderer, jene verhängnisvolle Philosophie, die Deutschland verheert und die Welt beinahe in den Untergang getrieben hat".[19] Er sah in ihm denjenigen aus nächster Umgebung Hitlers, der die nationalsozialistische „Revolution", welche alle politischen und sozialen Verhältnisse in Deutschland umgestürzt hatte, um die technische Revolution ergänzte und damit den totalen Führerstaat erst vollendete. Nicht ohne

Stolz vermerkte Speer als Rüstungsminister, dass nunmehr „die gesamte Produktionskraft des Großdeutschen Reiches [...] von einer einzigen Zentralstelle eingesetzt und gelenkt"[20] wird. 1942 wurde Speer Rüstungsminister und stellte sogleich große Teile der Industrie auf Kriegsproduktion um. Der Krieg, der sich zu diesem Zeitpunkt bereits in einem hoffnungslosen Zustand befand, wurde in erster Linie durch Speers Management der Rüstungsproduktion um etliches verlängert.

Bei seinen Vernehmungen durch die Alliierten auf Schloß Kransberg im Taunus und vor Gericht in Nürnberg kehrte Speer immer wieder zum dem Problem persönlicher Verantwortung zurück. Speer löste sein eigenes moralisches Dilemma mit folgenden Worten: „Es gibt meiner Ansicht nach zwei Verantwortungen, die eine Verantwortung ist für den eigenen Sektor, dafür ist man selbstverständlich voll verantwortlich. Darüberhinaus bin ich persönlich der Meinung, daß es für ganz entscheidende Dinge eine Gesamtverantwortung gibt und geben muß, soweit man einer der Führenden ist, denn wer soll denn sonst die Verantwortung für den Ablauf der Geschehnisse tragen [...]?"[21] Erst spät hat er sich, gleichsam wie in merkwürdiger Gebanntheit, in einem Akt später Verrechnung zu seiner selbstverständlichen Pflicht bekannt der Verantwortung dessen, was zu verantworten war, nicht weiter auszuweichen. Wie tief er sich in die Machenschaften des Dritten Reiches eingelassen hatte, sowohl unreflektiert als auch fatalistisch anmutend, wird in einem Dialog mit dem amerikanischen Verhöroffizier Captain Burt Klein deutlich. Speer schilderte emotionslos und mit jener ihm eigenen Distinguiertheit die Machtverhältnisse des Regimes, seine Beziehung zu Hitler und die Besonderheiten, die sich hieraus für seine eigene Rolle ergaben als ihn der Offizier unterbrach: „Herr Speer, ich verstehe Sie nicht. Sie sagen uns, Sie hätten schon Jahre gewußt, daß der Krieg für Deutschland verloren war. Jahrelang sagen Sie, hätten Sie die schrecklichen Machenschaften dieser Gangster in Hitlers und ihrer Umgebung mit angesehen. Die persönlichen Ziele dieser Männer waren die von Hyänen, ihre Methoden die von Mördern, ihre Moral die der Gosse. Sie wußten das alles und planten mit diesen Leuten zusammen und unterstützten sie mit aller Kraft. Wie können Sie das erklären? Wie können Sie das rechtfertigen? Wie ertragen Sie es, mit sich selbst zu leben?"[22] Zunächst schwieg Speer betreten, nach einer Weile meinte er, der Captain verstehe nichts von dem Charisma eines Mannes wie Hitler, er begreife auch nichts vom Leben in einer Diktatur, der allgegenwärtigen Angst und von dem Spiel mit der Gefahr, das dazu gehöre. Da war sie wieder, die stete Flucht, der eigenen Wahrheit ins Gesicht zu sehen, mit jener verengten und auf die „technizistische Subjektivität" reduzierten Moral des Amoralischen, die Joachim Fest treffenderweise als „technizistische Unmoral" bezeichnet hat.

Speer sah indes seine Rolle als Dirigent der nationalsozialistischen Technokratie weit weg von jeglicher Politik des Dritten Reiches.[23]

In der Person Albert Speers spiegelte sich mehr als bei allen anderen Nazi-Größen der Prototyp des „nichtwissenden" und „nichtwissenwollenden" unpolitischen deutschen Bildungsbürger wider, der sich allenfalls als taktisch berechnender und beredter Konstrukteur seiner eigenen Karriere politisch in Szene zu setzen wußte. Seine apolitische und auf das Technische verengte Haltung diente zugleich der subjektiven Begründung ohne weiteres Dinge zu tun, deren Tragweite sowohl in politischer als auch in moralischer Hinsicht in ihren Folgen außerhalb seiner persönlichen Zuständigkeit fiel. Dass er somit den verbrecherischen Absichten des Regimes uneingeschränkt diente, konnte oder wollte er nicht nachvollziehen. Hierdurch sah er sich von seinem technizistisch verengten Moralverständnis in jeglicher Hinsicht entlastet; deshalb war er auch zutiefst überrascht, als er in einer Reihe mit Jodl, Heß, Ribbentrop, Göring, Keitel und sechzehn anderen der braunen Nomenklatur als einer der Hauptkriegsverbrecher zur Verantwortung gezogen wurde. Gerade wegen seiner nach außen hin betont unpolitischen Einstellung der Reichsführung und ihrer Politik gegenüber war er ein idealer Funktionsträger, der immer und überall zu verwenden war. Er selbst hat diese moralische Nische als Flucht vor der Wirklichkeit, wohl in naiver Verkennung der Situation nach der Kapitulation, für sich in Anspruch genommen. So waren im Mai 1945 seine Phantasien diesbezüglich so weit gediehen, dass er allen Ernstes davon ausging die Alliierten würden ihn bei der Neugestaltung Deutschlands einbeziehen. Auch in diesen Tagträumen ließ er sich von seiner politischen und moralischen Abstinenz leiten und übersah die schwere Hypothek, die er infolge seiner Tätigkeiten im Dritten Reich angehäuft hatte. Jobst Wolf Siedler bezeichnete ihn als den Typus des „idealistischen Deutschen", bar jedweder moralischen Verantwortung. Inmitten der braunen Satrapen und in Gemeinschaft unzähliger Täter stand er indes mit solcher Charakterstaffage ausgestattet nicht alleine. Speer stellte, ebenso wie zahlreiche subalterne Befehlsempfänger, sein Wissen und Können in den Dienst der Hitlerherrschaft. Darin unterschied er sich in keiner Weise von dem Millionenheer der Täter, Helfershelfer und engagierten Mitläufern des Systems. Waren die „termitenartigen" Massentäter für die Durchführung der Mordaktionen ihrem Wesen nach ersetzbar durch andere willige Helfer, so war Speers hervorgehobene Rolle für die technisch-bürokratische Etablierung des wirtschaftlich-militärischen Industriekomplexes im Hinblick auf die außenpolitischen Absichten des Regimes unverzichtbar. Das geräuschlose Einschnappen in den bürokratischen Mechanismus, welches sich in den staatlichen Institutionen auf fast allen Ebenen vollzog, beruhte psychologisch betrachtet auf der folgenlosen Einebnung der individuellen Ethik des Gewissens zugunsten einer staatlich vorgegebenen Hypermoral. In dieser Form vulgärer Gleichschaltung des subjektiven Gewissens und zugleich der öffentlichen Moral war das Egalitätsprinzip der nationalsozialistischen Bewegung unschwer zu erkennen. Hierin kamen endlich all diejenigen verblendeten und inhumanen Formationen zum Tragen, welche die sozialdarwinistischen und völkisch-rassischen Theorien über die Institutionen von Bildung und Erziehung lange genug über Generationen innerhalb des gesellschaftlichen Kontextes vorbereitet hatten. Die nationalsozialistische Bewegung, die fälschlicherweise sich selbst als Revolution bezeichnete, verstand sich - neben ihren eher vernebelnden Phraseologien einer egalitären Volksgemeinschaft - in allererster Linie als eine „Kultur" des Nihilismus, in der alle bisher gültigen Werte in ihr Gegenteil verkehrt wurden. Die Volksgemeinschaft wurde hingegen auf die Moral der Gosse eingeschworen, wie der Verhöroffizier Burt Klein treffenderweise bemerkte. Dazu gehörte wie selbstverständlich die bedingungslose Aufkündigung des individuellen Gewissens zugunsten eines kollektiven Kadavergehorsams gegenüber „Führer" und „Volksgemeinschaft". Die nahezu vollständige Gleichschaltung der Funktionseliten in den Staatsapparaten war das Ergebnis der konsequenten Umsetzung des Herrschaftsanspruches der hitlerschen Politik im Inneren wie in ihren außenpolitischen Zielen. Rechtsstaatliche Prinzipien wurden weitestgehend aufgekündigt und die technologischen und administrativen Abläufe in den Institutionen dem Pflichtgehorsam der Volksgemeinschaft im Führerstaat untergeordnet. In dieser radikalen Egalisierung von individuellen und kollektiven Interessen, die in Wirklichkeit ideologisch politische Interessen des Machtapparates waren, lag die Gewähr dafür, dass die staatlichen Institutionen unter den Postulaten von absolutem Befehl und Gehorsam, Pflichterfüllung bei gleichzeitiger Eliminierung von Moral und Anstand bis zuletzt reibungslos funktionieren konnte. Einzig der von Speer organisierte Boykott gegen den „Nero-Befehl" darf als nennenswerter Widerstand führender Funktionseliten gegen Hitlers Befehle in der Schlußphase des Dritten Reiches bezeichnet werden. Hier ist allerdings in Bezug auf die Person Speer nicht der Verdacht von der Hand zu weisen, dass dies nicht ohne Eigennutz geschah, träumte er doch bereits davon, am Wiederaufbau der zertrümmerten Nation mitwirken zu dürfen.

Wie dem auch sei, aus historischer Sicht ist dies die einzige Aufkündigung eines strikten Führerbefehls. Erst spät, sehr spät kam sie. Speer versagte Hitler die Gefolgschaft und suchte zu retten, was noch zu retten war. Deshalb wurde er am 23. April 1945 am Vorabend des endgültigen Zusammenbruchs im Führerbunker bei Hitler vorstellig. Da Hitler stur blieb und sich auch ansonsten unmöglich verhielt, nahm Speer im letzten Moment die Sache selber in die Hand, nachdem er bereits Wochen vorher die Ausführung des Befehls weitgehend verhindern konnte.

Dies wirft im Großen und Ganzen, historisch betrachtet, ein etwas milderes Licht auf seine Person. Zumindest in den letzten Kriegsmonaten erkannte er, auf welch verderblichen „faustischen Pakt" er sich in all den Jahren eingelassen hatte. Dennoch verschleiern seine moralischen Ausflüchte, von denen er sich in den Jahren nach dem Krieg nie hat befreien können, seine tatsächliche Bedeutung und Rolle an der Seite Hitlers. In seinen Erinnerungen zeichnet er unverdrossen ein Selbstbild, das den Anschein erweckt, als habe er von all dem was rings um ihn herum geschah nichts gewußt. Inmitten der Schar brauner Paladine des sogenannten Familienkreises in der Führerresidenz auf dem Obersalzberg war er von sich selbst überzeugt, seine angeblich weiße Weste von den Schmutzflecken nationalsozialistischer Alltagspolitik rein zu halten. Aber letztlich gibt es keine Moral in der Unmoral eines Umfeldes, auf das man sich eingelassen hat und in welches man involviert ist. So wenig wie es ein richtiges Bewußtsein im falschen Sein gibt, so wenig vermag man sich als Moralist zu behaupten, wenn die Dinge welche man tut, zutiefst unmoralisch sind. Ihm ist unbewusst geblieben, wie sehr seine technizistische Amoralität ihn unmerklich korrumpierte. Unversehens geriet er immer mehr in den Sog der Hofgesellschaft um Hitler und Bormann. Seine erstaunliche Vorzugsstellung beruhte sicherlich auf eine homoerotische Bindung Hitlers zu ihm, die aber im Verborgenen blieb. Mitunter wurde sie von seinen Mitarbeitern wahrgenommen, sie nannten Ihren Chef Hitlers „unglückliche Liebe"[24] und bemerkten, dass beim Führer Fröhlichkeit und glückliche Stimmung immer dann aufkam, wenn sein Liebling in seiner Nähe weilte.

Später hat sich Speer darüber beklagt, dass Hitler seine Wertmaßstäbe und sein Gefühlsleben korrumpiert habe. Dennoch bleibt die Frage offen, ob beides nicht schon zu dem frühen Zeitpunkt, als Hitler ihn zu seinem engen Mitarbeiter ernannte, in dem Maße korrumpiert war um bedenkenlos alle moralischen Skrupel über Bord zu werfen und gleichsam, ähnlich dem Pakt zwischen Faust und Mephisto, sich dieser düsteren Macht zu verschreiben. Auch hier gibt er sich der geschickten Selbsttäuschung und Verschleierung seiner wahren Rolle hin und entwirft das Selbstbild eines arglos Verführten. Inzwischen ist dies anhand neuerer historischer Forschungen gründlich widerlegt worden. Selbst der renommierte Publizist und Speer-Biograph Joachim Fest mußte zugeben, von ihm an der Nase „herumgedreht" worden zu sein.[25]

Albert Speer gehörte zu der Generation junger Männer, die in der Zeit von 1900 bis 1910 geboren wurden. Sie hatten, teils noch als Kinder, den Ersten Weltkrieg, das Scheitern der Revolution von 1918/1919 und als Jugendliche die entbehrungsreiche Zeit der Inflation 1923 erlebt. Ihre Vätergeneration war durch die Kriegserlebnisse und extreme politische Wirren in ihrer nationalen Identität gebrochen und sah sich außerstande noch etwas Wesentliches zur gesellschaftspolitischen Entwicklung jener Nachkriegsjahre beizusteuern. Die junge Generation hingegen, die den Krieg nicht als Realität erlebt hatte, sah in ihm ein einzigartiges „Sportereignis".[26] Sie konnten Politik und die Spielregeln der Gesellschaft nie als etwas anderes begreifen, als einen fortwährenden Kampf von äußerster Brutalität, wobei das Starke über das Schwache obsiegt. Was ihnen fehlte, war „jenes Talent zum Privatleben und für privates Glück",[27] was ohnehin bei den Deutschen, auch in guten Zeiten, weitaus weniger entwickelt ist, als bei anderen Völkern: Liebesfähigkeit, Bescheidenheit und Liebe zum Detail, Empathie und Sinn für die Freuden der Zivilisation. Hierüber konnte diese Generation kaum verfügen, da ihnen jeglicher Bezug zu Werten und Traditionen fehlte. Ihre Identität verstanden sie antibürgerlich mit alldem was dazugehörte, aber von ihnen abgelehnt wurde, wie beispielsweise Religion, Kunst, Familiensinn, Kreativität, Redlichkeit, Verantwortungsgefühl, gute Manieren und Erziehung zur Menschlichkeit. Kurzum alles dasjenige, was im Vorlaufe des historischen Kulturprozesses als unabdingbare Grundlagen zivilisierte Gesellschaften erworben wird. Nur vor diesem nihilistischen Hintergrund war es möglich, die Familie in ihrem humanen Kern zu zerstören und sie lediglich zu einer Institution zur Sicherung „erbreinen" Nachwuchses zu degradieren. Daneben nahm sich die Absage allen Denkens und statt dessen der chronische Hang zu unentwegtem Marschieren nur allzu selbstverständlich aus. Den endlosen Weihefeiern der Nationalsozialisten, ihren beschwörenden völkischen Ritualen in haßerfüllten bombastischen Massenveranstaltungen lieferte Speer die erforderlichen Kulissen.

Wie zahlreiche anderer seiner Generation sah er im Nationalsozialismus die Chance, Karriere zu machen. So wie er waren viele gebannt von den beruflichen und sozialen Möglichkeiten, die ihnen das Regime eröffnete. Diese Generation hat in entscheidender Weise in Schlüsselpositionen das System getragen und wie Speer maßgeblich am Aufstieg und an der Machtkonsolidierung der Nationalsozialisten mitgewirkt. Wie Speer strickten auch die übrigen der sogenannten unpolitischen Fachleute nach dem Zusammenbruch an der Legende sie seien unideologisch gewesen, in der Hoffnung, auch nach dem Krieg wieder Verwendung unter demokratischen Verhältnissen zu finden, was letztlich auch für die Mehrzahl der ideologisch „Unbelasteten" zutraf und wovon Speer noch vor Prozeßbeginn in Nürnberg träumen durfte um dann eines Besseren belehrt zu werden.

Indessen hat der Filmemacher Heinrich Breloer zusammengetragen, was Historiker in letzter Zeit über Speer herausgefunden haben. Das Ergebnis ist vernichtend. Speer war keineswegs der Verführte, sondern Antreiber des Holocaust und Initiator der - die Zwangsarbeiter - vernichtenden Rüstungsproduktion, die unter seiner Leitung auf Hochtouren lief. Zudem ging die Gründung der Konzentrationslager Mauthausen und Flossenbürg, in denen Vernichtung durch Arbeit betrieben wurde, auf sein Verbrechenskonto zurück. Wäre dies alles bereits in Nürnberg den Alliierten bekannt gewesen, die seinen Prozeß nur sehr ungenügend vorbereitet hatten, so wäre er mit Sicherheit zum Tode verurteilt worden und der Nachwelt seine „Erinnerungsverdrängungen" und Spandauer „Selbstmythen" erspart geblieben., mit denen er die Hintergründe des Nazi-Systems und seine eigene Rolle mehr vernebelte als aufdeckte. Selbst Joachim Fest hat sich in seiner Hitler-Biographie von den Speerschen Interpretationen und Geschichtsklitterungen leiten lassen und in seinem Buch *Der Untergang* kommt er noch als ein Edel-Nazi daher: „ein Gentleman unter Lumpen und Mördern".[28]

Nein, Speer war kein unpolitischer Verführter, er stand in einer Reihe mit den größten Verbrechern des Nazi-Regimes. In gewissem Sinn war er sogar der Nazi-Verbrecher „par excellence", da er, wie kein anderer der vulgären Szenerie, vortäuschen wollte seine Hände in moralischer Unschuld und politischer Unwissenheit zu waschen, obgleich tief in Verantwortung und Schuld verstrickt. Seine Ablehnung der demokratischen Strukturen der fragilen Weimarer Republik brachte ihn in das nähere Umfeld Hitlers. Ab 1933 stellte er sein technisches und künstlerisches Können vorbehaltlos in den Dienst des nationalsozialistischen Staates. Als Architekt war er zu diesem Zeitpunkt relativ bedeutungslos und mittelmäßig, ohne besondere Anzeichen architektonischer Kreativität, gleichwohl aber froh über eine parteiinterne Fürsprache für sein erstes Bauprojekt, die Ministerwohnung Goebbels, bauen zu dürfen. Als späterer Rüstungsminister war er im vollständigen Dienst des „Bösen" äußerst effizient und skrupellos. Er lebte nur noch in Zahlen, Rüstungsmaschinen und Ziffern über steigende Kriegsproduktionen. Das Schicksal seiner ausgebeuteten Fremdarbeiter interessierte ihn in keiner Weise. Joachim Fest vermutete zu recht, dass er sich in seinem selbstinszenierten „technischen" Autismus in eine der Maschinen verwandelte, die er produzieren ließ und dabei vermied die Ziele denen er diente, in moralischer Hinsicht auf den Prüfstand zu stellen. Nach außen erweckte er den Anschein eines „anständigen und sauberen Nationalsozialisten", der, wenn es ihn denn überhaupt gab, die sogenannten „guten ideellen Seiten" des Systems verkörperte und der trotz aller Widerwärtigkeiten im Gegensatz zu der korrupten Kamarilla vom Schlage eines Görings, eines Franks oder eines Streichers unbestechlich und integer blieb. In Wirklichkeit bereicherte er sich in ungeahntem Maße an der Verschleuderung arisierten jüdischen Vermögens und Immobilien, deren Konfiszierung er wesentlich betrieb.

In seinen Erinnerungen, die durch die „lektorischen Vernehmungen" seines Verlegers Jobst Siedler und dem späteren Speer-Biographen Joachim Fest mit „drängenden Fragen" wesentlich beeinflußt wurden,[29] erwähnte er die Vorliebe Hitlers sich stets hinter verhangenen Fenstern aufzuhalten. Speer deutete dies als Angst davor die Dinge so zu sehen wie sie wirklich waren. Somit konnte Hitler ungestörter in seiner eigenen wahnhaften Wirklichkeit leben, inmitten kitschig pompöser Heldenverehrung, wabernder Siegfriedlohe und germanischem Wagnerkult, in dem er seine Wiener Rienzi-Reminiszenzen aufleben ließ und schließlicher Götterdämmerung in der Düsternis seines Unterganges. Lauter obskure Insignien, die von je her zu seinen existentiellen geistigen Grundlagen zählten. Sie bildeten seit seinen Wiener Jugendjahren das „granitene Fundament" seiner Weltanschauung[30], das er seitdem unbeirrbar beibehielt. Die Lichtblicke in dieser absurden und irrealen Welt verschafften ihm Speers omnipotente Entwürfe einer faschistoiden Architektur von überwältigender Grandiosität der zukünftigen „Welthauptstadt" Germania, an der sich der verhinderte „Architekt" Hitler berauschen konnte, währenddessen das reale Berlin in Schutt und Asche versank. Inzwischen befand sich auch Speer, ohne es wahrhaben zu wollen, hinter den verhangenen Fenstern seiner technizistisch verengten Wirkungswelt.

Hitlers Wahnwelt die immer offenkundiger hervortrat je länger der Krieg andauerte, fand ihr Vollendung in der gespenstischen Atmosphäre des Führerbunkers unter der zusammenbrechenden Reichkanzlei, wo er, der Realität gänzlich entfremdet, nur noch über die hoffnungslosen Restbestände fast schon imaginärer Geisterarmeen befehligte und sich in den geifernden Durchhalteparolen des bis zuletzt fanatischen Goebbels als einen bis zum letzten Atemzug gegen den Bolschewismus „kämpfenden" Führer sah. Sich der Verbrechen durchaus bewußt, die er und die übrigen Nazi-Größen in ihrem zwölfjährig andauernden Amoklauf durch die Geschichte angerichtet hatten, ahnte Goebbels die Rolle, in der man ihn und seinesgleichen in der Welt so oder sehen würde. Bereits am 14. November 1943, notierte er in seinem Tagebuch: „Was uns betrifft, so haben wir die Brücken hinter uns abgebrochen. Wir können nicht mehr, aber wir wollen auch nicht mehr zurück. Wir sind zum Letzten gezwungen und darum zum Letzten entschlossen [...]. Wir werden als die größten Staatsmänner in die Geschichte eingehen oder als ihre größten Verbrecher."[31]

Im Sommer faßte Speer die Geheimdienstprotokolle seiner ersten Vernehmungen durch den amerikanischen Captain Hoffding auf Schloß Kransberg im Taunus zu einem autobiographischen Manuskript zusammen, fest davon überzeugt, dass er nicht wie die übrigen – Raeder, Schacht, Ribbentrop, Dönitz, Keitl, Jodl, Heß, Göring u.a. – vor das Nürnberger Kriegsverbrechertribunal gestellt würde. Seine Ausführungen sind von bemerkenswerter Offenheit und Apologetik, die er sich später nicht mehr hat leisten wollen. Was seine Offenheit betrifft, wollte er sich - sicherlich in Aussicht späterer Verwendung - den Alliierten andienen, worin er sich allerdings gründlich täuschte. Vor allem seine Aussagen über Hitler sind apologetisch, sie zeichnen ein Bild des Diktators was der Legendenbildung eines „gütigen" und um das Wohl seiner Mitarbeiter besorgten Führers entspricht. Zu seinen Manuskripten, die er beabsichtigte zu veröffentlichen und die in weiten Teilen in seinen *Erinnerungen* eingeflossen sind, bemerkt er einleitend: „Trotz diesem für die Welt und Deutschland tragischem Geschehen ist die Ausarbeitung recht leidenschaftslos und nüchtern ausgefallen. Ich bin kein Schriftsteller, der seine Gefühle aufdecken kann. Ich habe das erste Mal versucht, eine derartige geschlossene Arbeit durchzuführen. Bisher ist meine „schriftstellerische" Tätigkeit über einige Denkschriften nicht hinausgegangen". In weiser Voraussicht über das, was noch über ihn und die anderen hereinbrechen könnte, formuliert er schuldrelativierend: „Nachträglich diese Zusammenhänge klarzustellen, ist nicht so schwer, wie bei ihrem Ablauf selbst einen klaren Kopf zu behalten. Viele der führenden, die damals auf das Äußerste verwirrt waren (!!! d.d, Verfasser) und versagten, müßten jetzt zu ähnlichen Ergebnissen kommen können."[32]

Was bei diesen Aussagen und Selbstrechtfertigungen hervorsticht, ist die typische Relativierung ungeheuerlicher Verbrechen, die Speer, einer griechischen Tragödie gleich, mit dem schicksalhaften Hauch eines tragischen, d.h. unabwendbaren Vorganges zu verschleiern versucht. Gleichwohl spricht er von Verwirrungen, wo es in Wahrheit um kaltblütig geplante Mordprogramme ging. Speer gefiel sich nach dem Zusammenbruch und unter dem Eindruck der zwanzigjährigen Haftstrafe, die er in Spandau bis zum Herbst 1966 verbüßen mußte, in der Rolle eines unentwegten Mahners, der sich selber jedoch weitgehend an den Verbrechen des Dritten Reiches unbeteiligt sah. Mit Akribie und verbindlichem Charme wußte er das in den Medien mittlerweile populäre Bild des „anständigen" Nazi, der wie durch Schicksalshand geführt auf einem verbrecherischen Kontinuum den führenden Part gespielt hatte, geflissentlich weiter zu zeichnen. In seinem Nachwort seines Bestsellers *Erinnerungen*, der 1969 zum erstenmal erschien, gefällt sich einer der größten Verbrecher des Dritten Reiches darin, die Welt vor derartigen Auswüchsen zu warnen. In ähnlicher Weise sah sich auch Eichmann angesichts des Galgens bemüßigt, vor Gericht in Jerusalem der Jugend ein warnendes Beispiel zu geben, wohin Gehorsam und blinde Pflichterfüllung im Dienste eines verbrecherischen Systems führen. Hier wie dort waren es untaugliche Versuche, in sentimentalem Selbstmitleid den eigenen Verbrechen noch einen irgendwie brauchbaren Sinn zu verleihen. So verstand Speer die Niederschrift seiner *Erinnerungen*, mit denen er fortan kokettierte, als Warnung für künftige Generationen mit den „gelehrsamen" Worten eines menschenliebenden Moralisten: „Mit diesem Buch beabsichtige ich nicht nur, das Vergangene zu schildern, sondern auch vor der Zukunft zu warnen". Und in seinem Vorwort heißt es: „Diese Erinnerungen sollen einige der Voraussetzungen zeigen, die fast zwangsläufig zu den Katastrophen führten, in denen jene Zeit zu Ende ging; es soll sichtbar werden, welche Folgen es hatte, dass ein Mensch allein unkontrollierte Macht in Händen hielt; deutlich werden sollte auch, wie dieser Mensch beschaffen war". Und seine Selbstlügen aufdeckend gesteht er, entgegen seinen späten „Einsichten", ein: „Vor Gericht in Nürnberg habe ich gesagt: wenn Hitler Freunde gehabt hätte, dann wäre ich sein Freund gewesen".[33] Indessen aufgedeckt haben seine Erinnerungen nichts Wesentliches. Sie haben vielmehr dazu beigetragen, die Fragen nach subjektiver Schuld und Mitverantwortung unzähliger schuldig gewordener Täter und Eliten zu verschleiern. Insofern hat sein Buch wesentlich dazu verholfen, den großen „Frieden" mit den Tätern zu schließen, der die Nachkriegsepoche der Bundesrepublik schwer belastet hat. Darüber hinaus kamen Speers Erkenntnisse allemal zu spät und am unrechten Ort und konnten nicht mehr dasjenige aufwiegen auf was sie sich im Rückblick bezogen. Erst durch eine Zeugenaussage vor Gericht in Nürnberg wurde Speer klar, was sein Mitwirken am millionenfachen Völkermord letztendlich für ihn bedeuten sollte: „Ich werde nie das Dokument vergessen, das eine jüdische Familie zeigt, die in den Tod geht: Der Mann mit seiner Frau und seinen Kindern auf dem Bild...hat meinem Leben Substanz entzogen. Es hat das Urteil überdauert".[34]

Seine *Erinnerungen*, die nicht zuletzt aus den oben genannten Gründen mit viel Lob bedacht wurden, haben den Blick in erheblichem Maße verstellt. Tatsächlich haben viele Lobredner Speerscher Biographien übersehen, dass hier die Legende von der vermeintlichen „Tragik" des unpolitischen Fachmannes, der unter einem „Parsifalkomplex" leidet, nur allzu verklärt wird, und dem man wohlwollend konzediert, an den Verbrechen der Politik nicht teilgenommen zu haben. Der Historiker Bracher stellt hingegen fest, dass Speers Rolle nicht einem unglücklichen Zufall geschuldet war der zur unrechten Zeit eine naive und unpolitische Figur in das Zentrum verbrecherischer Machenschaften gestellt hat, sondern das kalkulierte Ergebnis einer im Grunde gespaltenen Identität, die sich nahtlos mit den gewollten Ambiguitäten des Systems arrangierte.[35] Speers Aufstieg und Wirken an führender Stelle war in Wahrheit weder Zufall noch geschichtliches Mißverständnis, sie waren vielmehr Folge der strategischen Gesellschaftspolitik der Nationalsozialisten, die ihre Elemente der Macht aus radikaler Politisierung entpolitisierter Spezialisierung einerseits bezogen und andererseits, rückwärtsgewandte Verwirrungen aufgreifend, einer Ideologie reaktionärer politischer Romantik und Verherrlichung des technischen Fortschrittes huldigte. Die eigentliche Essenz nationalsozialistischer Ideologie und Machtpolitik, die Inkonsistenz von Theorie und Praxis, stellte daher nicht, wie vordergründig vermutet, eine Schwächung des Systems dar, sondern in der geschickten Synthese dieser unterschiedlichen Ansätze lag die verblüffende Wirkung ihrer totalen Herrschaft. Bis in die Führungsspitzen bildete sich die spezifische Doppelgesichtigkeit des Parteien- und Machtapparates aus, die in der strategischen Besessenheit eines Goebbels, im technokratischen und rationalen Kalkül Speers und in den sektiererischen Narrheiten eines Rudolf Heß zum Ausdruck kam und insbesondere durch Heinrich Himmler personifiziert war, der sich neben einer kalten und menschlich befremdlichen Ernsthaftigkeit, mit der er seinem Vernichtungsauftrag nachkam, eine obskure esoterisch anmutende Gedanken- und Vorstellungswelt erhalten hatte.

Speers *Erinnerungen* und seine *Spandauer Tagebücher* stießen bei ihrem Erscheinen auf großes Interesse, nicht zuletzt auch in der Fachwelt. Manch einer erhoffte sich durch sie Aufschluß über die verborgenen Mechanismen des hitlerschen Macht- und Herrschaftsapparates zu erhalten. Bemerkenswert an diesem System der Machtsteuerung war, dass über alle chaotisch anmutende Überorganisation und wechselseitige Konkurrenzen, die von Hitler bewußt gewollt waren, einerseits die Umsetzung von Herrschaftswillen in konkrete politische Praxis reibungslos funktionierte, andererseits aber die sehr unterschiedlichen, sich gegenseitig bekämpfenden und zuweilen auseinanderstrebenden Interessen und subjektiven Motive letztlich dann doch auf die Zentripetalkraft des hitlerschen Machtzentrums ausgerichtet blieben. Hierzu gehörte zweifelsohne Speer ebenso wie Bormann, der braune Strippenzieher über Protektion, Einfluß und dem direkten Zugang zu Hitler. Da Speer zu alledem eine stets abgehobene und, wie er glauben ließ, neutrale Haltung bewahrte, konnte er auch – weder in historischer Hinsicht noch aus psychologischem Blickwinkel heraus – nichts Erhellendes über das wüste Konglomerat von Intrigen, sich ausschließenden Motiven, Gefühlswallungen und handfesten divergierenden Interessenslagen der braunen Hofgesellschaft aussagen. Zu dem gruppendynamischen Phänomen, welches sich darin äußerte, dass die teilweise zentrifugalen

Strömungen immer wieder zurückgeholt und um so fester in das Kraftzentrum eingebunden wurden, ist von Speer kaum etwas Bedeutendes zu hören. Deshalb erscheinen auch seine Memoiren nur sehr bedingt geeignet, eine Analyse des Nazi-Regimes zu leisten. Aus historischer Sicht sind sie schon wegen ihrer apologetischen Grundstimmung unbedeutend. Über ihren erkennbaren Anekdotenstatus hinaus enthalten sie wenig zur Erklärung der nationalsozialistischen Wirkungs- und Entstehungsgeschichte. Ebenso schweigen sie sich über jenen sonderbaren Umstand aus, dass der Totalitarismus des Dritten Reiches neben seinen straffen ideologischen Voraussetzungen gerade in seiner Widersprüchlichkeit erfolgreich sein konnte, obgleich er in seiner politischen Praxis widersprüchlich und diffus erschien. Speers Memoiren sind daher lediglich weitere Beiträge seiner fortwährenden Selbsttäuschungen. Andererseits mag das Unvermögen Speers, seine unmoralische Verstrickung in das System so darzustellen, wie es seiner eigenen Bedeutung entsprach, ein Beleg dafür sein, wie tief er darin verflochten war, ohne sich dessen bewußt gewesen zu sein.

Die Rolle des unpolitischen Technokraten traf sich in vorzüglicher Weise mit dem Nationalsozialismus, der als Idee des Apolitischen und Antipolitischen gegen die demokratischen Strukturen der Weimarer Republik zu Felde gezogen war. Der Nationalsozialismus war bei aller Absicht der Radikalisierung des privaten und öffentlichen Lebens eine antipolitische Bewegung, der die Politisierung der Gesellschaft und damit die Emanzipation des Bürgers als Idee der Aufklärung höchst zuwider und feindselig erschien. In ihrer Konsequenz, die Vielfältigkeit, Meinungsdivergenz und die unterschiedlichen Interessenslagen auf die einfache Formel einer homogenen und bewusstseinsreduzierenden Form zu bringen, die sämtliche moralischen Skrupel ausklammerte, waren sich der nationalsozialistische Machtapparat und Speer insofern einig als das dieser seine Subjektivität im Sinne technizistischer Verengung reduzierte und sich somit von politischer Mitverantwortung freisprach. Daher erscheint Speer als idealer Verwertungstypus autoritärer Herrschaftsansprüche, welche jedem totalitären System gerecht wird. Sein Lebensweg, der ihn in nächster Nähe des Machtzentrums brachte, war in seiner Konsequenz nicht ein Zufallsprodukt jener Zeiterscheinung sondern entsprach ganz und gar dem Modernitätsanspruch, den die Umsetzung nationalsozialistischer Herrschaftsideologie in konkrete Machtstrukturen erforderte. Dennoch sah Speer in Hitler eines dieser „unerklärlichen geschichtlichen Naturereignisse", die über die Menschheit in gewissen Zeitabständen hereinbrechen. Später gelangte er immerhin zu der Erkenntnis, dass Hitler das Produkt einer geschichtlichen Situation war. Sicherlich sah er seine eigene Rolle unter den gleichen mythologisierenden und „tragischen" Bedingungen. Unablässig hielt er sich an der

Behauptung des Nichtwissens und Nichtwissenwollens fest. Ein beredtes Beispiel solch kunstfertiger Verdrängungsarbeit ist die stets von ihm geleugnete Anwesenheit bei Himmlers berüchtigter Posener Rede im Oktober 1943, deren Kenntnis er damit bestritt, erst in Nürnberg von den Gaskammern erfahren zu haben und bis dahin nicht fähig war, sich den millionenfachen Völkermord an den Juden vorzustellen. Gleichwohl ist er zum aktiven Beteiligten geworden, da er seine Arbeit für Hitler fortsetzte, obwohl er zu diesem Zeitpunkt von dem lange geplanten und fast vollendeten Völkermord wußte, unabhängig davon, ob er in Posen anwesend war oder nicht.[36]

Zunächst schien es so, als würde er sich zu der Gesamtverantwortung bekennen um damit seinen eigenen Schuldanteil einzuräumen. Vor dem Nürnberger Tribunal hielt er es für seine Pflicht als ehemaliges Mitglied des Regimes die Mitverantwortung für die gesamten Verbrechen des Nationalsozialismus zu übernehmen. Später, in Spandau, hat er geäußert, dass sich die Mitverantwortung zu dem Gefühl der persönlichen Schuld wandelte als er im Verlaufe des Prozesses von den Morden an den Juden erfahren habe. Trotzdem bleibt die Frage offen, ob er erst dann davon erfuhr, oder ob ihm erst zu diesem Zeitpunkt das gesamte Ausmaß seiner Verstrickungen bewußt wurde. Dass er die Verbrechen offensichtlich beizeiten gebilligt hat, geht aus einer eidesstattlichen Erklärung Speers aus dem Jahre 1977 eindeutig hervor, in der es u.a. heißt: „Der Nürnberger Prozeß bedeutet für mich noch heute einen Versuch, zu einer besseren Welt vorzustoßen [...]. Ich halte es darüber hinaus heute noch für richtig, die Verantwortung und damit die Schuld für alles auf mich zu nehmen, was nach meinem Eintritt in die Hitler-Regierung am 8. Februar 1942 (als Rüstungsminister in der Nachfolge von Todt, Anm. d. Verf.) an Verbrechen, im generellen Sinne, begangen wurde. Nicht die einzelnen Fehler belasten mich, so groß sie auch sein mögen, sondern mein Handeln in der Führung. Daher habe ich mich für meine Person im Nürnberger Prozeß zur Gesamtverantwortlichkeit bekannt und tue dies auch heute noch. Meine Hauptschuld sehe ich immer noch in der Billigung der Judenverfolgungen und der Morde an Millionen von ihnen."[37] Diese und andere Aussagen, die er gegenüber dem Direktor des südafrikanisch-jüdischen *Board of Deputies* machte, welchem er auf Anfrage im April 1977 die Hintergründe der Massenmorde und sein Wissen darum genauestens darstellte, gehören zu den offensten Worten, die Speer zu seiner eigenen Rolle je gesprochen hat. Gleichwohl muß im Nachhinein und bei heutigem Kenntnisstand seine Beteiligung an den Verbrechen und die Art und Weise wie er sich stets dazu geäußert hat, in einem anderen Licht betrachtet werden als es das bloße Eingeständnis seiner Billigung zuläßt. Seine Strategie in Nürnberg, die eigene Schuld zu bannen, indem er seine persönliche Verantwortung auf die Unverbindlichkeiten des Verallgemeinernden und Grundsätzlichen verschob, hat ihn vor dem sicheren Galgen bewahrt. Von daher sind die heftigen Ausfälle Görings zu erklären, dem sehr wohl nicht entgangen war, dass sich ein Mittäter auf Kosten der übrigen durch die Übernahme kollektiver Verantwortung und Schuld entlasten wollte. An diesem Mythos der Schuldeinsicht, indem er auf eine abstrakte Ebene „kollektiver Verantwortungsethik" auswich, hat Speer in seinen *Erinnerungen* und darüber hinaus bis zu seinem Tode im Jahre 1981 unverdrossen weitergewoben. Seine Bücher wurden sicherlich nicht zuletzt deshalb ein Erfolg weil sie, wie auch seine Persönlichkeit, Verhaltensmuster aufboten, die jener Generation, die subjektiv tief in Schuld verstrickt war, Entlastungsräume einer dem Vergessen und Verdrängung geschuldeten Bannung eigener Verantwortlichkeiten eröffneten. Speer wurde somit zum Symbol des allgemeinen Verdrängens, welches auch die kollektive Verleugnung von Schuld, Mitverantwortung und Trauer verantwortete. Hierin fand er Beifall vor allem von den ewig gestrigen Apologeten des Nationalsozialismus. Diese Haltung ließ ihn zum wichtigsten „Exkulpator"[38] des Dritten Reiches werden. Denn wenn schon einer der mächtigsten Männer vom Holocaust nichts gewußt haben wollte, wie konnte da der einfache „Volksgenosse", der sich als Rädchen im Getriebe empfand, als Täter, Mitläufer und Mitwisser im Nachhinein zur Verantwortung gezogen werden?

Indem Speer die Dinge von der Warte eines distanzierten Beteiligten ansprach hat er versucht, sie für sich zu bannen. Bannung durch Benennung in einer Weise, die seine eigene Person gleichsam als Schimäre neben den Verbrechen stellte. Damit war für ihn alles gesagt und selbst die späteren hartnäckigen lektorischen „Vernehmungen" seiner Biographen Siedler und Fest ergaben immer nur endlose Verwindungen, welche die moralischen Brüche seines Gewissens zum Vorschein brachten. Speers Reminiszenzen kreisen unablässig um die abstrakt verorteten Fragen von Gesamtverantwortung, Verantwortung und Schuld. Indes konnte er nicht erklären, weshalb er diesem Regime auch dann noch diente, als in seinen Ahnungen schon dasjenige ins Bewußtsein drängte, was er stets zu verdrängen trachtete. Dies war der unauflösliche gordische Knoten seiner „Lebenslüge".[39] Joachim Fest erkannte alsbald, dass „Speers Lebensweg mit all den Selbsttäuschungen, falschen Ergriffenheiten und moralischen Verhärtungen, die dazu gehörten, weitaus repräsentativer war als er je begriffen hat und dass Speer eine wichtige Facette zum Bild der deutschen Verwirrung besteuerte, die Hitler erst ermöglicht hat und vielleicht fast unmöglich gemacht hätte".[40] Wenngleich ihn Fest einen orientierungsschwachen Überläufer genannt hat, so mag dieses Urteil auf jenem Kenntnisstand beruhen, den er und Jobst Siedler als vernehmende Lektoren Ende der sechziger Jahre über Speer hatten als sie darangingen seine *Erinnerungen* biographisch vorzubereiten, so muß heutzutage dieses Urteil gründlich revidiert werden. Denn Speer war weit mehr als nur ein Überläufer, der sich zufällig in diese politische Richtung verirrt hat. Vielmehr war er in politischer Hinsicht ein borniertter Idealist, der sich jedem überlegenen System angedient hätte. Seine persönliche Loyalität, die er einem als Verbrecher erkannten Verwüster bis zuletzt schuldete, gibt den Blick in einen „deutschen Abgrund" frei, in dem sich jedoch sehr viele befanden, die wie er einem Massenmörder gegenüber noch gewisse Konventionen beibehielten und die aufzeigen, warum die Deutschen von Hitler bis zuletzt nicht loskamen. Es stellt sich daher die Frage, ob es überhaupt Vorkehrungen gegen solche Verluste von Maßstäben und Werten geben kann oder ob Vorkehrungen gegen den kollektiven Verlust an humanen Orientierungen gänzlich unmöglich erscheinen oder ob sich, allen Widerwärtigkeiten zum Trotz, um mit Adorno zu sprechen, dennoch mit „Erziehung dagegen etwas unternehmen läßt".[41]

Nach dem Zusammenbruch am 8. Mai 1945 befanden sich Speer und die sogenannte geschäftsführende Regierung, der unter anderem Dönitz als Nachfolger Hitlers in seiner Funktion als Reichspräsident, Keitel, Schacht, Raeder angehörten, in einer absurden Situation. Von den Alliierten untergebracht in Schloß Glücksburg in Schleswig-Holstein, in dem auch die Vertreter der Siegermächte residierten, hielten sie vormittags ihre geisterhaften „Kabinettssitzungen" ab um nachmittags in gepflegter Atmosphäre den Verhöroffizieren, die den Nürnberger Kriegsverbrecherprozess vorbereiteten, Rede und Antwort zu stehen. Am 23. Mai 1945 wurden Speer und die übrigen Mitglieder der Regierung Dönitz zu ihrem großen Entsetzen verhaftet und über Umwege durch verschiedene alliierte Gefangenenlager schließlich nach Schloß Kransberg im Taunus zu weiteren Verhören gebracht. Erst hier dämmerte Speer, dass auch er vor das Nürnberger Tribunal gestellt werde und man ihn demzufolge mit den übrigen Hauptangeklagten als Kriegsverbrecher sah. Dennoch waren seine Einlassungen von bemerkenswerter Offenheit, so als wollte er sich schon damals von dem Druck seiner nationalsozialistischen Vergangenheit befreien. Auf diese Weise wurde Speer zu einer Hauptquelle für den englischen Historiker Hugh Trever-Roper, der im Auftrag des britischen Geheimdienstes die Situation der letzten Tage von Hitler recherchierte um Klarheit über den Tod des deutschen Diktators zu erlangen. 1947 veröffentlichte er die Ergebnisse in Buchform. Dies gilt nach wie vor als Standardwerk über die Endphase des Dritten Reiches.[42]

Vor dem Nürnberger Gericht hat sich Speer mit großem Geschick dem drohenden Galgen entzogen, den die russische Delegation vehement gefordert hatte. Mit einer an Fatalismus grenzenden Selbstaufgabe hat er das Todesurteil dadurch vermieden, dass er es aufgrund seiner Bekenntnisse in Kauf nahm. Man hat ihm das später als raffinierte Taktik ausgelegt, mit der er den Alliierten Gerichtshof und späterhin die Öffentlichkeit getäuscht habe. Das Nürnberger Gericht verurteilte ihn, in damaliger Unkenntnis des gesamten Verbrechensrepertoires, wegen seiner Beteiligung am Zwangsarbeiterprogramm zu 20 Jahren Haft, die er in Spandau bis zum letzten Tag verbüßte. Wären dem Gericht allerdings jene Fakten bekannt gewesen, die inzwischen durch neuere historische Forschungen aufgedeckt sind, so etwa seine indirekte Beteiligung an der „Endlösung der Judenfrage" in Auschwitz, wäre er dem Galgen sicherlich nicht entkommen. In jüngster Zeit sind Dokumente aufgetaucht, aus denen eindeutig hervorgeht, dass Speer nicht nur ein Rädchen im Getriebe der nationalsozialistischen Vernichtungsmaschinerie war sondern einer ihrer Antreiber.[43] Er hat nicht nur von Auschwitz geahnt, nachdem ihm sein Freund, der Gauleiter von Schlesien, Hanke, entsprechende Andeutungen gemacht hatte. Ihm sind als Rüstungsminister die Genehmigungen der Mittel für die Bauten der sogenannten „Sonderbehandlung" in Auschwitz zur Abzeichnung vorgelegt worden, was nichts anderes bedeutete als Vergasungen im großen Umfange. Es ist schwer vorstellbar, dass für jemanden wie ihm, der sich mit der euphemistischen Sprachregelung des Dritten Reiches auskannte, die Bedeutung des Begriffes Sonder-Behandlung unverständlich geblieben sein soll, zumal diese aus den Unterlagen, die ihm vorlagen, hervorging. Darüberhinaus war er als oberster Bauherr des Regimes für die Errichtung des KZ Struthoff im Elsaß verantwortlich, das als Arbeits- und Vernichtungslager fungierte und in dem die Steinbrüche abgebaut wurden, die man zur Herstellung der „Welthauptstadt" Germania benötigte. Auch in diesem Konzentrationslager wurde, wie auch in den Speerschen Lagern Flossenbürg und Mauthausen, systematisch Vernichtung durch Arbeit an zahllosen Häftlingen betrieben. Alles dasjenige, was mit der millionenfachen Vernichtung von Menschenleben zusammenhing, hat Speer gewußt und an erster Stelle mitinitiiert. Speer war nicht nur einer der wahren Verbrecher des Dritten Reiches, wie Hugh Trever-Roper ihn bezeichnete, sondern dessen größter Lügner, der bis an sein Lebensende die Öffentlichkeit über seine wahre Person und Rolle im Dritten Reich getäuscht hat. Insoweit sind seine Biographien im historischen Sinn betrachtet nichts wert, außer in psychologischer Hinsicht nämlich, ob er diese Lügen bewußt und mit kalter Berechnung behauptet hat oder ob sie die verleugneten Schatten seiner unendlichen Verdrängungsversuche sind? Diese Frage wird wohl mit endgültiger Sicherheit niemals mehr beantwortet werden können. Mit dem gleichen Organisationstalent, mit dem er in den letzten Kriegsjahren die Rüstungsproduktion hochtrieb und hierdurch einen aussichtslos gewordenen Krieg verlängern half, arbeite er bereits während seiner Spandauer Haftzeit an der Verstrickungslüge eines Unpolitischen in einem verbrecherischen System. Sein Verleger Jobst Siedler hat ihn noch wohlwollend als einen „Engel, der aus der Hölle kam" bezeichnet. Auch er ist, wie Joachim Fest, ein Opfer der Täuschungsbilder geworden an denen Speer ein Leben lang gezeichnet hat. Indes hat er den Mythos einer unpolitischen und verführten Künstlernatur durch ihre immanente Widersprüchlichkeit selber entzaubert. In der Hölle kann es keine Engel geben, allenfalls reißende Wölfe in Schafspelzen. Das Urbild des „anständigen Nazis", welches so vielen in der frühen Bundesrepublik ihre subjektive Schuld verdrängen ließ, ist zerbrochen.[44] Es entlastet daher Speer nicht, was Joachim Fest annimmt, dass sein sicherer „Bürgerinstinkt" ihn von den übrigen Nazigrößen trennte und je größer die Diskrepanz zwischen seiner bürgerlichen Moral und der NS-Unmoral geworden sei, desto mehr habe Speer verdrängen müssen. Freilich, dasjenige was Fest als Verdrängung aus den Restbeständen bürgerlicher Skrupel glaubt auszumachen, ist in Wirklichkeit die Skrupellosigkeit einer opportunistischen Haltung, die Speer immer schon zu eigen war und die ihn in beizeiten in das braune Umfeld gebracht hatte.

Speer wurde 1966 nach Verbüßung seiner Strafe entlassen. Alle Gesuche um vorzeitige Entlassung wurden aufgrund von sowjetischen Einwänden stets abgelehnt. Speer veröffentlichte seine Memoiren als *Erinnerungen* und *Spandauer Tagebücher* in Buchform. Obgleich auch hier immer wieder die gleichen Verwindungen und Schuldfluchten zutage traten, waren sie subjektive Einblicke hinter den dunklen Kulissen des Dritten Reiches, zu einem Zeitpunkt, als in der Bundesrepublik über diese Epoche deutscher Geschichte weitgehend hinweggeschwiegen wurde. Heute sind sie nur noch die Restbestände verzweifelter Selbsttäuschungen, was aber sie nicht daran gehindert hat, im Zuge der medialen Speer-Renaissance in der ersten Dekade des neuen Jahrtausend neu aufgelegt zu werden. In einem Punkt bleiben sie jedoch nach wie vor aktuell, in der Person Speers spiegelt sich, wie in kaum einer anderen politischen Figur, ein Stück deutscher Sozialbiographie vor dem Hintergrund tradierter Verwirrtheiten wider. In Speers sozialer Identität verdichten sich wesentliche Facetten der politischen und kulturhistorischen Irrwege des deutschen Bürgertums. Waren Hitler und die Nomenklatur seines unmittelbaren Umfeldes das Ergebnis fanatischer und inhumaner Ideenformationen des 19. Jahrhunderts, so zeigt sich am Beispiel Speers die chronische Anfälligkeit des Bildungsbürgertums für derartige Prospekte und seiner Verführbarkeit durch totalitäre Systeme. Auf

Speer trifft zu, was Nietzsche einmal bemerkte, wonach man nicht lange in einem Abgrund blicken kann, ohne dass der Abgrund auch in einem selber blicke. Seine großbürgerliche Herkunft mit ihrem privilegierten sozialen und familiären Hintergrund verknüpft mit klassischen Inhalten humanistischer Bildungsprospekte, hat ihn nicht daran gehindert, sich einer derart bösartigen, „sich ihrer Barbarei brüstenden Herrschaft so besinnungslos"[45] anzuschließen. Auch dies wirft die Frage auf, ob die tradierten und erprobten humanistischen „Sicherungsinstanzen" überhaupt solches verhindern können, oder ob es überhaupt Vorkehrungen gegen einen derartigen Verlust aller gültigen Maßstäbe geben kann.

Letztlich ist Speer allen drängenden Fragen damit ausgewichen, indem er gemeint hat, man solle ihm nicht immer wieder unbeantwortbare Fragen stellen.[46]

Anmerkungen

1 Martin Broszat: Das weltanschauliche und gesellschaftliche Kraftfeld, in: Das Dritte Reich im Überblick, S. 101

2 Hierzu ausführlich: Ian Kershaw: Der Hitler-Mythos Führerkult und Volksmeinung

3 Joachim Fest: Speer. Eine Biographie, S. 13

4 Max Weber: Die drei reinen Typen legitimer Herrschaft, S. 238-256

5 Zitiert in: Hermann Glaser: Die Republik der Außenseiter Geist und Kultur in der Weimarer Zeit 1918-1933

6 Hans Müller-Braunschweig: „Führer befiehl..." Zu Hitlers Wirkung im Deutschland der dreißiger Jahre, S. 313ff.

7 Hierzu ausführlich: Joachim Fest: ebenda

8 Ebenda: S. 76. Speer hat in seinen *Erinnerungen* darauf bestanden, dass seine Bewunderung für Hitler diejenige eines Architekten für einen – in Speers Augen – genialen Bauherrn gewesen sei und nicht diejenige eines Gefolgsmannes zu seinem politischen Führer. Beides ließ sich in der Realität des Dritten Reiches freilich nicht trennen, da Speers Monumentalbauten stets auch steingewordene Abbilder der nationalsozialistischen Weltanschauung und ihrer rücksichtslosen Politik waren.

9 Gitta Sereny: Das Ringen mit der Wahrheit. Albert Speer und das deutsche Trauma

10 Joachim Fest: Ebenda

11 Derselbe: Die unbeantworteten Fragen. Notizen über Gespräche mit Albert Speer zwischen Ende 1966 und 1981

12 Ebenda, S. 16

13 Albert Speer: „Alles, was ich weiß." Aus unbekannten Geheimdienstprotokollen vom Sommer 1945, hrsg. von Ulrich Schlie

14 Joachim Fest: Speer. Eine Biographie

15 Sebastian Haffner: Albert Speer – Dictator of the Nazi-Industry

16 Hierzu ausführlich: Manfred Koch-Hillebrecht: Homo Hitler. Psychogramm des deutschen Diktators. Koch-Hillebrecht beschreibt Hitlers latente Homosexualität als zeittypische

Erscheinung in der Epoche des gesellschaftlichen Umbruches. Der führende amerikanische Psychoanalytiker dieser Zeit, Wilhelm Stern, sprach von einer „Inversionswelle" gleichgeschlechtlicher männlicher Beziehungen, die größtenteils aus den Kreisen der Jugendbewegung genährt wurden. Die Angst vor dem anderen Geschlecht äußerte sich in chauvinistischen Reaktionen, in denen das virile Ideal mit dem Antifeminismus konkurrierte und die Verklärung der Männerliebe förderte. Beides zusammen war indes Ausdruck einer maskulinen narzißtischen Abkehr von der totalitären Herrschaft, S. 285

22 Zitiert in: Joachim Fest: Speer. Eine Biographie, S. 19

23 Vgl. hierzu: Joachim Fest: Die unbeantworteten Fragen, S. 257. Den Äußerungen Fests ist zu entnehmen, dass Speers Ausflüchte nicht nur unbewusste Verdrängungen waren, sondern ebenso unbewusste Strategien der unentwegten Selbsttäuschungen über seine Rolle und das Ausmaß seiner Verstrickungen im Dritten Reich, über die er sich selber streckenweise nicht im Klaren wurde.

24 Joachim Fest: Eine Biographie, S.15

25 Joachim Fest: Die unbeantworteten Fragen

26 Sebastian Haffner: Von Bismarck zu Hitler, S. 81. Die „Väter" dieser Generation waren durch die Ereignisse nach dem Ersten Weltkrieg von der Politik desillusioniert. Ihre vermeintlich stabile Welt war untergegangen und sie sehnten sich danach, von der Bühne des Geschehens abzutreten, was sie in der Endphase der Weimarer Republik auch taten.

27 Ebenda, S. 83

28 Joachim Fest: Der Untergang

29 Hierzu: Albert Speer: „Alles was ich weiß." Aus unbekannten Geheimdienstprotokollen vom Sommer 1945, sowie: Joachim Fest: Die unbeantwortbaren Fragen. Schlies Einwände sind nicht von der Hand zu weisen. Verfolgt man die „lektorischen Vernehmungen" Siedlers und Fests, so drängt sich der Verdacht auf, dass die mitunter spontanen Antworten Speers durch die psychologisch gefärbten Interventionen und Werturteile der Lektoren reflektiv von Speer korrigiert wurden. Schlie ist der Ansicht, dass die *Erinnerungen* Speers nicht unbedingt authentische Zeugnisse des inneren und äußeren Erlebens einer Person der Zeitgeschichte sind, sondern allenfalls opportunistisch entstellte Halbwahrheiten.

30 Hierzu ausführlich: Brigitte Hamann: Hitlers Wien. Lehrjahre eines Diktators

31 Zitiert in: Karl Dietrich Bracher: Die deutsche Diktatur. Entstehung, Struktur, Folgen des Nationalsozialismus

32 Zitiert in: Albert Speer: Alles was ich weiß, S. 22

33 Albert Speer: Erinnerungen, S. 527 und 22

34 Ebenda

35 Hierzu: Karl Dietrich Bracher: Die deutsche Diktatur. Entstehung, Strukturen, Folgen des Nationalsozialismus

36 Mit dieser Frage und den sich anschließenden moralischen Problemen von Mitwissen, Mitverantwortung und Schuld hat sich Gitta Sereny ausgiebig befaßt. Vgl. hierzu: Gitta Sereny: Das Ringen mit der Wahrheit. Albert Speer und das deutsche Trauma.

37 Ebenda, S. 817.

38 Der Spiegel 18/2005 (2. Mai 2005)

39 Alexander und Margarete Mitscherlich haben den kollektiven Verdrängungsvorgang vieler Deutschen nach dem Krieg, der darin bestand, nicht an den Verbrechen teilgenommen oder von diesen gewußt zu haben, vielmehr selber verführt worden zu sein, in ihrem Buch *Die Unfähigkeit zu trauern* so benannt.

40 Joachim Fest: Die unbeantwortbaren Fragen

41 Theodor W. Adorno: Stichworte. Kritische Modelle 2, S. 101

42 Hierzu ausführlich: Albert Speer: Alles was ich weiß

43 Ebenda

44 Ralph Giordano: Die zweite Schuld oder von der Last ein Deutscher zu sein

45 Joachim Fest: Die unbeantwortbaren Fragen, S. 16

46 Ebenda, S. 250

Manfred J. Foerster

studierte Psychologie, Erziehungswissenschaft, Soziologie und Philosophie in Aachen und Mainz und promovierte in Heidelberg über die Analytische Psychologie C.G. Jungs.

Er ist Lehrbeauftragter im Fachbereich Erziehungswissenschaft an der Johannes-Gutenberg-Universität Mainz tätig, mit den Schwerpunkten: Frühkindliche Bindungserfahrungen und Sozialisation, Ursachen und Auswirkungen von Persönlichkeitsstörungen sowie Persönlichkeitsprofile von Gewalt- und Sexualdeliktern.

Wichtigste Veröffentlichungen: Individuation und Objektbeziehung Eine Auseinandersetzung mit der Analytischen Psychologie Carl Gustav Jungs (Aachen 2000); Bindungstheorie und Persönlichkeitsstörungen bei Klienten der Straffälligenhilfe, in: DVJJ 2002/ Heft 3; Lasten der Vergangenheit Traditionslinien zum Nationalsozialismus (London 2006); Zur Psychopathologie des Rassismus und Antisemitismus (Aachen 2009); Übertragung-Persönlichkeitsstörungen und das Dilemma des Helfers, in: Bewährungshilfe Soziales- Strafrecht- Kriminalpolitik 2003/ Heft 1); Zum Umgang mit Sexual- und Gewaltdelinquenten in der Straffälligenhilfe aus Sicht der Objektbeziehungs- und Bindungstheorie, in: Bewährungshilfe Soziales- Strafrecht- Kriminalpolitik/ 2003/ Heft 3; Frühe Traumatisierungen und Delinquenz- der Täter als Opfer seiner Biographie. Zur Wirklichkeit früher Traumatisierungen im Kontext der Straffälligenhilfe (Ursachen- Auswirkungen- Perspektiven) in: Neue Praxis, 2005/Heft 4; Die antisoziale Persönlichkeit im Strafvollzug dargestellt an der Person des Hannibal Lecter aus dem Film Das Schweigen der Lämmer, in: Forum Strafvollzug, 2013/ Heft 3; Bildungsbürger Nationaler Mythos und Untertan Betrachtungen zur Kultur des Bürgertums (Aachen 2009).

www.ingramcontent.com/pod-product-compliance
Lightning Source LLC
Chambersburg PA
CBHW070833300426
44111CB00014B/2538